学校ですぐに実践できる
中高生のための
〈うつ予防〉心理教育授業

下山晴彦［監修］
堤　亜美［著］

ミネルヴァ書房

監修者のことば

　我が国のメンタルヘルスの問題は益々深刻になっています。厚生労働省によれば，うつ病を含む気分の障害を呈する患者は約110万人となっています。しかも，これは，医療にかかっている患者の割合で，実際にはさらに多くの人々が，治療を受けないで苦しんでいます。

　中学生や高校生は，思春期特有の身体的特徴の変化に加えて，子どもから大人への移行期であるために心理的に非常に不安定になり，多くの若者が不安や落ち込みを経験し，抑うつ状態に陥ることがあります。近年では，いじめの後遺症や発達障害の2次障害としてうつ病を発症することも多くなっています。

　このようなメンタルヘルスの問題に取り組むために2017年に公認心理師法が施行されることになり，心理職が国家資格化されました。うつ病の治療は，公認心理師の対処すべき最も重要な課題となっています。既にうつ病に罹患してしまってからであると，治療は難しく，時間もかかります。しかも，成人になってからの治療では，問題が複雑化しており，考え方や生活の仕方を固定化しており，問題の改善は非常に難しくなります。したがって，大人になる前の思春期におけるうつ病予防教育は非常に重要となるわけです。

　本書は，中学生や高校生がうつ病やうつ状態にならないために学校の授業で実施できる心理教育プログラムを提供している点で，メンタルヘルス問題の解決に向けて重要な貢献のできるものとなっています。しかも，次のような特徴があります。

1）うつ病に対する治療効果が実証されている認知行動療法に基づくものである。
2）プログラムを実施し，効果研究によってその有効性が実証されている。
3）通常の学校の授業時間帯で実施できる時間と内容となっている。
4）スクールカウンセラーと教師が協働して実施するティームティーチングを前提としているので，学校全体で取り組む体制を醸成できる。
5）詳しい実施マニュアルが付いているので，具体的に何をすればよいのかがわかる。
6）下山研究室のスクールカンセリング研究会のメンバー，そして実践の場を与えていただいた東京大学教育学部附属中等教育学校の先生方の協力を得て作成したプログラムであるので現場の声が反映されている。

　以上の特徴をもっているので，学校関係者であれば誰でも安全に実施できるものとなっております。ぜひ多くの方にご活用していただきたいと願っております。

2017年7月

下山晴彦

は じ め に

　筆者は，主に学校現場でスクールカウンセラーとして活動している臨床心理士です。学校では，毎日を楽しく過ごしている子どもたちがたくさんいる一方で，様々な問題を抱えた児童生徒さんたちにも数多く出会います。些細な問題から大きな問題まで，彼らが抱えている問題はもちろん様々ですが，特に大きな問題を抱えた彼らの話を聴いていると，その多くが，「もっと早くに対処していればここまで大きなことにならなかったかもしれない」問題だということに気づかされます。カウンセラーとして問題が起きてからのケアをしていくなかで，問題が起きる前に，仮に起きたとしてもそれが小さな問題であるうちに，何かできることはないだろうかと，日々模索しています。

　この本では，その模索のなかからうまれた，「予防的な心理教育授業」というアイデアについて紹介したいと思っています。心理教育授業とは，すべての児童や生徒を対象とし，発達過程において起こり得る種々の問題への対処能力を伸ばすための取り組みの1つです。授業の形式をとり，対人関係，勉強への取り組み方，進路への向き合い方等，彼らが直面するであろう問題についてとりあげ，その対応方法を教えたり，実際に実践をしたりすることで，問題が実際に起きた時でもそれに適切に対応できる力を養います。

　心理教育授業のテーマは多岐にわたりますが，今回筆者がとりあげるのは「うつ」の予防です。「うつ」と聞くと大人の病気というイメージがあるかもしれませんが，昨今ではかなり多くの子どもたちが抑うつ傾向を示しているというデータもあるなど，子どもたちが抱える種々の問題のうちの1つになりつつあります。また，いろいろな問題を抱えた結果，副次的に「うつ」に陥る子どもたちも多く，そうした意味でも彼らにとってはかなり身近な存在といえるのです。「うつ」はその他の問題と同様に，早めに対処すればそれだけ早く改善しますし，何より予防をしておけばならずにすむものでもあります。うつ予防の心理教育授業を開発し，またそれを実際に実践していくことで，少しでも，子どもたちの役に立てればと思っています。

　さて，本書では，まずこのうつ予防について，子どもたちの現状等に触れながらその必要性について説明をしています（第1章）。また，先に触れた心理教育授業についても，その意義や利点，そして難しさや課題について解説をしています（第1章）。その後，筆者が作成した試行版のうつ予防心理教育授業の開発について説明し（第2章），それを元に完成させた2つの授業（カウンセラーによる授業：第3章／カウンセラーと教員のTTによる授業：第4章）について，概要の解説を行っています。なお，授業の開発の箇所については，うつはもちろん，その他のテーマも含めた心理教育授業を作成してみたいと思われて

iii

いる方々の参考になるように，その手順を具体的に解説しています。また，授業の解説の箇所については，実際に筆者がこれまでに実践してきたケースを再構築し，授業の概要はもちろん，具体的なことばかけや生徒とのやりとりも記載した実施例を載せることで，心理教育を実践してみたい，してみよう，とされている方々にイメージが湧くように作成をしました。巻末には授業用ワークシートも載せていますので，そのまま使うこともできますし，アレンジして使っていただくこともできるかと思います。また，それぞれの授業の効果の詳細についても巻末に資料として載せていますので，参考にしていただけたらと思います。

　この本を，学校現場で活動しているスクールカウンセラーのみなさんはもちろん，教員の方々の手に取っていただき，日々の活動の一助としていただければ幸いです。

目　　次

監修者のことば（下山晴彦）
はじめに

第1章　「うつ予防心理教育プログラム」の必要性 ………………………………1

1 児童青年期のうつ病とその予防　2
　1 日本におけるうつ病の現状　2
　2 日本における児童青年の抑うつ傾向　3
　3 児童青年の抑うつ傾向に対する予防的介入の必要性　4

2 予防的心理教育とその課題　5
　1 予防的心理教育とその意義　5
　2 心理教育実践の難しさと課題　7
　3 心理教育を学校現場で最大限に生かすには――"ティーム・ティーチング"という発想　8

3 これまでのうつ予防心理教育　14
　1 海外で実践されてきたうつ予防の心理教育　14
　2 日本で実践されてきたうつ予防の心理教育　15
　3 これまで実践されてきたうつ予防心理教育プログラムの課題　18

第2章　「うつ予防心理教育プログラム」の開発まで ………………………21

1 試行版プログラムの開発・実践　22
　1 試行版プログラムの作成と概要　22
　2 方　　法　25
　3 結果と考察　26

2 試行版プログラムの修正　27
　1 試行版プログラムの修正点　27
　2 試行版プログラムの修正　29

第3章　「うつ予防心理教育プログラム」の実践①――カウンセラーによる授業 …… 31

1 CO版プログラムの実施マニュアル　32
　1 CO版プログラムの概要　32
　2 CO版プログラムの実施マニュアル　34

v

2 CO版プログラムの実施例　38

  ■　第1回授業　38
  ■　第2回授業　47
  ■　第3回授業　54
  ■　第4回授業　61

第4章　「うつ予防心理教育プログラム」の実践② ……………………… 67
──カウンセラーと教員のティーム・ティーチング（TT）による授業

1 TT版プログラムの実施マニュアル　68

  ■　TT版プログラムの概要　68
  ■　TT版プログラムの実施マニュアル　69

2 TT版プログラムの実施例　75

  ■　TT版心理教育プログラム実践の特徴　75
  ■　第1回授業　76
  ■　第2回授業　88
  ■　第3回授業　97
  ■　第4回授業　106

おわりに──学校現場における心理教育実践の意義と可能性 ………………… 113

プログラム用ワークシート　117

  「うつについて知る」ワークシート　118
  「自分の気持ちと考えに気づく」ワークシート　121
  「考え方のクセを変える」ワークシート　124
  「考えこまないようにする」ワークシート　130

資　料　133

資料1　試行版プログラムの効果の検討　134

  ■　プログラム理解度　134
  ■　抑うつの程度の変容　135
  ■　授業全体についての感想データ　135
  ■　対反芻についての感想データ　137

資料2　CO版プログラムの実践と効果の検討　138

  ■　方　　法　138
  ■　結　　果　140
  ■　考　　察　146
  ■　今後の課題　149

資料3　TT版プログラムの実践と効果の検討　151

　　1　方　　法　151

　　2　結　　果　152

　　3　考　　察　156

引用・参考文献

謝　　辞

第 1 章
「うつ予防心理教育プログラム」の必要性

✤ この章では，日本における児童青年のうつの実情について解説をし，その予防の必要性について述べていきます。
✤ また，予防的な心理教育の意義や課題について解説します。さらに，心理教育を学校現場で生かしていくためにはという観点から，ティーム・ティーチングという発想にも触れていきます。
✤ これまでに実践されてきたうつ予防心理教育プログラムについても紹介し，その概要と課題についてもまとめます。

1 児童青年期のうつ病とその予防

1 日本におけるうつ病の現状

　近年，精神疾患によって医療機関を受診する患者さんが大幅に増加しています。厚生労働省が2014年に行った調査では，その総数は約397万人と報告されており，これは15年前に行った同調査結果の約204万人から約2倍の増加を示す数字となっています。精神疾患のなかでもっとも患者数が多い「気分障害」[(1)]は1999年に44.1万人だった総患者数が2014年には111.6万人にのぼり，15年間で約2.5倍に増加していることが報告されています（図1-1）。

　その気分障害のなかでも，特にここ15年で増加傾向を示しているのが"うつ病（大うつ病性障害）"です。うつ病の主な症状としては，1）抑うつ気分，2）興味または喜びの減退，3）体重の減少または増加，または食欲の減退または増加，4）不眠または過眠，5）精神運動焦燥または制止，6）疲労感または気力の減退，7）無価値感または罪責感，8）思考力や集中力の減退，または決断困難，9）死についての反復思考，反復的な自殺

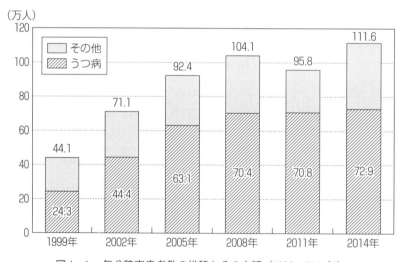

図1-1　気分障害患者数の推移とその内訳（1999～2014年）
（出所）厚生労働省（2000，2003，2006，2009，2012，2015）

---

(1) 2013年に改訂されたDSM-5では，DSM-Ⅳまでの「気分障害」という用語がなくなり，「双極性障害および関連障害群」と「抑うつ障害群」に分類されました。一方，ICD-10では「気分［感情］障害」という診断名が用いられており，厚生労働省の資料等でもこの名称が用いられています。ここでは，これに準じて「気分障害」という名称を用いています。

第1章 「うつ予防心理教育プログラム」の必要性

念慮，または自殺企図，があげられます。これらの症状のうち，少なくとも１つは１）抑うつ気分，または２）興味・喜びの減退の症状を含む５つ以上が，同じ２週間の間に存在し，それによって臨床的に意味のある苦痛または，社会的，職業的，または他の重要な領域における機能の障害を起こしている状態が，"うつ病"と定義されています（American Psychiatric Association, 2013）。

　厚生労働省が行った2006年度の調査によれば，日本におけるうつ病の生涯有病率は6.6%（男性3.7%，女性9.1%），12ヶ月有病率は2.1%（男性1.0%，女性3.0%）とされており（立森ほか，2007），医療未受診者も含めたうつ病患者の推定値は国内で250万人を超えるともいわれています。この調査からすでに10年が経っている現在，その人数はさらに増えていることが予測されます。また，2016年の自殺者総数２万1897人のうち，原因や動機が特定できている１万6297人のなかで，うつ病が原因・動機とされている自殺者数は約４分の１にのぼる4496人となっており，こうしたことからも，増加するうつ病に対する対応は急務であるといえるでしょう。

❷　日本における児童青年の抑うつ傾向

　このうつ病のなかでも，近年，一般に認識されているよりも多く存在するということが明らかになり，注目されているのが子どものうつ病です（傳田，2002）。2004年に行われた調査（傳田ほか，2004）では，小学生の7.8%，中学生の22.8%が抑うつ傾向を示したという結果が出ており，これは小学生の約12人に１人，中学生の約４人に１人にうつの傾向が見られたということを示しています。また，2008年に行われた別の調査（佐藤ほか，2008）では，12～14歳の対象者のうち，調査時点でうつ病の診断基準を満たしていた人の割合は4.9%であり，調査時点までにうつ病の診断基準を満たしたことがある人の割合は8.8%であったというデータが報告されています。これらのことから，現在相当数の児童青年がうつ病や抑うつ状態にあることが予想できます。

　さらに，こうした児童青年のなかでもよりハイリスクと考えられるのが，中学～高校生の年代です。大学生以前のこの時期は，学校を中心とした対人関係が複雑になり始める時期でもあり，友人関係・異性関係・家族関係といった人間関係上の問題が頻発します。また，進路を決めなければいけないというプレッシャーやそれに伴う迷い・葛藤，挫折も多く存在する期間であると考えられます。さらに，大学受験や就職に伴う不安，受験勉強によるストレス等を抱えていることが予想され，そのために気分の落ち込みを体験したり，抑うつ的になる可能性が高まることは，容易に推測ができます。実際に，欧米での疫学研究では，一般人口におけるうつ病の有病率は思春期・青年期では2.0～8.0%とされており，これは中学・高校生では１学級において１～４名がうつ病の可能性があることを示唆するものといえます（傳田，2002）。また，15歳におけるうつ病の有病率は成人の有病率とほぼ

3

同じという結果が報告されていたり（Hasin et al., 2005），2000年度に厚生労働省が行った調査では児童青年層のなかで最も抑うつ傾向が高かったのが15〜19歳の年代であり，その平均点は診断基準に迫る数値だったという報告もなされています。これらのことから，子どものうつ，なかでも中学・高校生の年代のうつについては，急ぎ対応が求められているといえるでしょう。

❸　児童青年の抑うつ傾向に対する予防的介入の必要性

　一般的にうつ病は早期の介入がより高い治療効果につながることが知られています。そのなかでも，最も早い段階の介入としてあげられるのが，「予防」です。

　この「予防」は，介入時期に焦点を当てた場合，3つの段階にわけられます（Leavell & Clark, 1953）。疾病そのものの予防や健康増進，環境改善などを目指す「一次予防」，疾病の早期発見・早期治療，健康診断などを主眼とする「二次予防」，再発予防や後遺症の予防，リハビリテーション，社会復帰を目的とした「三次予防」の3つです。うつ病においては，治療後，または治療過程にある人に対する社会復帰の援助や，うつ病やうつ症状の早期発見，重症化を防ぐための早急な治療・援助といった「三次予防」「二次予防」ももちろん重要かつ有効ではありますが，児童青年のうつ病に関しては，うつ病そのものの発生を予防する「一次予防」が特に重要といえます。

　これは，うつ病の「再発」と関係しています。児童青年期における抑うつ傾向は，その時期における自殺や社会不適応，薬物使用といった社会生活における種々の不適応にも当然関連しますが，それだけでなく，成人してから後のうつ病性障害の発症率や再発率を上昇させてしまうといわれているのです（傳田，2002；石川ほか，2006）。海外の調査（Emslie et al., 1997）では，8〜17歳のうつ病患者70例の経過について調査したところ，1年以内に98%が回復した一方で，回復後1年以内に47.2%が，2年以内に69.4%が再発したという報告がなされています。また別の調査（Fombonne et al., 2001a, 2001b）では，17歳以下のうつ病患者149例を対象として20年後の予後調査を行った結果，再発率が62.4%であったことが報告されているのです。こうした高い再発率を鑑みても，児童青年がうつ病を発症すること自体を「予防」することは非常に重要であるといえます。

　また，予防の対象者という観点に焦点を当てると，「発症自体を予防する」ためには，うつ病になっている人やハイリスクである人だけにとどまらない，より広い範囲の一般人口を対象者とした予防が必要であるといえます。これは米国医学研究所が定めた予防分類の1つである"ユニバーサルレベル"の予防にあてはまります。このレベルは一般の人すべてを対象とするものであり，精神障害の兆候や症状のある個人等を対象とする"インディケイティッドレベル"，精神障害のリスクが高い個人・集団を対象とする"セレクティブレベル"の前段階に位置するものです。ユニバーサルレベルでのうつ病への予防的介入

第1章 「うつ予防心理教育プログラム」の必要性

は，臨床群にある人への介入と同様に大うつ病エピソードの発生に有効性を示すとされており（石川ほか，2006），このことから，一般人口，特に上述のハイリスクの年齢層を対象とした予防的な介入は，非常に有効な手段の1つであると考えられます。

2 予防的心理教育とその課題

1 予防的心理教育とその意義

　うつ病予防を含めた児童青年への予防的介入は，海外において以前より，全般的な疾病予防のため，カウンセリングや心理教育等の形式で教育現場に取り入れられてきました（Jensen-Scott & DeLucia-Waack, 1993）。なかでも，1990年代以降のアメリカにおいては，支援の重点が個別的支援から予防的支援へと移行してきたこともあり（Strein et al., 2003），特に心理教育の形式による予防的な介入が様々になされてきています。日本においても近年，この心理教育が学校現場で行われるようになってきました。

　「心理教育」とは，「子ども一人一人が自らの考えを持ち，豊かな感情体験をする，自覚的な行動のあり方や態度を学ぶこと」を目的として行われる支援です（國分，2008）。これはすべての児童生徒を対象としたものであり，発達過程において起こり得る様々な問題に対処する能力を伸ばすための，予防的かつ発達促進的な取り組みといえます（小野寺・河村，2003）。

　文部科学省が行った2015年度の調査では，小・中・高等学校における暴力行為の発生件数は5万6806件，また，小・中学校における不登校児童生徒数は12万5991人，高等学校における不登校生徒数は4万9563人とされています。小・中・高等学校から報告のあった自殺した児童生徒数は215人であり，また，小・中・高・特別支援学校におけるいじめの認知件数は22万5132件にも及んでいます。こうした，思春期の子どもたちの日常に起こっている数々の問題は，遭遇する課題に対して「どう解決すればいいのかわからない」ことが積み重なった結果であるとも考えられ，適切な対処法を知っていれば防ぐことができるものもあるように思います。このことから，彼らに課題を乗り越える方法を予防的に伝えること，そして発達を促進させるように援助する試みが重要となってきますが，その1つの手法として，問題のアフターケアにとどまらない予防的な介入を目指した，学校現場で行う心理教育が注目されているのです。

　アメリカで実践されている心理教育は，その文化的な背景等もあり，薬物問題や暴力問題の予防が中心的な課題となっていますが，日本で実践されている心理教育は対人関係に関連するものが多い傾向があります（伊藤，2004）。具体的なテーマとしては，コミュニ

5

ケーションスキルや対人関係構築，アサーション，問題解決スキル等のソーシャルスキルトレーニング，アンガーマネジメント，ストレスマネジメント，自己理解や他者理解に関するもの，リラクゼーションなどが扱われてきています（鴛渕ほか，2011）。うつ病予防についてもいくつか実践例がありますが（こちらについては次節で詳しく触れたいと思います），この，対人関係に関連するテーマが多い特徴は，先にあげた不登校やいじめといった人間関係上の問題が数多く表面化している日本ならではのものともいえるかもしれません。また，こうしたテーマは，2008・2009年に公示された学習指導要領において，育成が必要と指摘されている「生きる力」にもつながるところがあります。「生きる力」は，対処能力を向上させて自分で問題を乗り越えるセルフコントロールを目指しているため，まさに，様々なソーシャルスキルの獲得を視野に入れた問題への対処能力の向上を援助する予防的・発達促進的サービスである心理教育は，「生きる力」育成の一助にもなりうる関わりであるといえるでしょう。

　予防的心理教育実践は，集団を対象として実践がなされます。カウンセリング等とは違い，グループを相手に介入を行うことで，参加者同士のピアサポートが得られることが期待されます。個人で行う場合に比べ抵抗感が少なくなるために，プログラムに参加者を導入しやすくなり（Cardemil & Barber, 2001），そのために，1対1の個別支援と比べ，1度の実施でより多くの参加者に介入を行うことが可能となります。この点は，心理教育実践のメリットといえるでしょう。

　また，心理教育実践は学習指導要領にのっとった学校での授業とは異なり，基本的に正解がなく，成績もつきません。そして，自分自身や周囲の人たちの行動，思考，感情について触れ，吟味するという，通常の学校での授業では経験しない体験をすることができます。そのために，参加者の多様な意見や自由な考えが言語化され，外に発せられることも多く，それによって自己理解の促進や自己の課題の発見，参加者同士の他者理解など，彼らの成長につながっていくようなきっかけを生み出すことも可能になります。

　そして，国内外における心理教育実践では，外部スタッフである心理の専門家が実践を行っている（佐藤・今城ほか，2009）ことが多いのですが，心理の専門家が実践の担い手として学校現場に入ること自体にも，大きな意味があります。筆者自身も数々の学校現場において外部の心理の専門家スタッフとして心理教育を実践してきましたが，授業中の姿勢や反応を見たり，授業内でのワークシートへの記述内容や意見発表を見ることで，客観的に参加者をアセスメントすることができ，学校内外で問題を抱えている参加者や，特性を持っている参加者などを把握することが可能になります。それを授業外にコンサルテーションのような形式で実践校の教員に伝達することで，学校のなかで当該の参加者に対してより適切な対応がなされうるのです。こうした「潜在的な問題を抱える子どもの発見」もまた，心理教育実践の大きなメリットの1つといえるでしょう（下山ほか，2013）。さらに，通常授業とは違った授業者が授業を行うため，授業を受ける児童生徒らが興味を示したり，

第1章 「うつ予防心理教育プログラム」の必要性

少し緊張が高まることで，ある程度授業への集中力が高まる効果もあるように思います。

❷ 心理教育実践の難しさと課題

　一方で，心理教育実践には課題も多く存在しています。

　まず，前項でも述べたように，心理教育が扱う内容は通常授業とは異なり，普段は触れない自己や他者の内面や行動に触れていくものも多い傾向があります。このため，自己理解や他者理解などがすすむ可能性がある一方で，それによって影響を受け，気分が悪くなったり，体調を崩すといった反応が出てくる可能性が考えられます。また，客観的には侵襲性が高くない内容でも，個人の背景や経験によっては嫌な感情が喚起されることがあるかもしれません。もちろん，どのような授業でも，それがいい刺激になるか悪い刺激になるかは個人次第という面もありますが，通常の授業と比べてそのリスクが高いことを実践者は肝に銘じておかねばなりません。そして同時に，そうしたことが起きないように，事前に参加者の情報について確認する等，入念に準備を行う必要があります。また，何かあった際には，サポートやフォローアップができるような体制を可能な限り整えることが必要となってきます。

　また，心理教育が学校現場で実践される際，それは「授業」の形式をとることになります。つまり，実践者は授業運営を行うことになる，ということです。国内外の先行研究で実施されてきたプログラムは，研究者自身や大学院生などの心理の専門家による実践，もしくは，事前に専門家の訓練を受けた教員による実践，の2通りが主であり，なかでも，先にも述べたように，心理の専門家によるものが多い傾向があります（佐藤・今城ほか，2009）。これは，専門家の方が訓練やスーパーヴィジョンを多く受け，また介入の経験を豊富に持ち合わせていること（Stice et al., 2009）や，教員の負担が軽くなること，理論的な背景を熟知した者が実施した方がプログラムの導入が容易になることなどが，背景にあるとされています（佐藤・今城ほか，2009）。

　確かに，心理の専門家は介入そのものには慣れており，この点は問題ないのですが，一方で，1対多という状況や，「授業」の実施・運営については専門外である場合が多いため，「授業運営を行う」こと，伝達したい内容を的確に参加者に伝達することについては，難しさが残ることが指摘できます。また，外部スタッフである以上，対象となる児童生徒を熟知した状態で授業を開始することはできないため，参加者やクラスの雰囲気に合わせた柔軟な授業展開を行うことは難しい場合が多いと言わざるを得ません。諸問題の予防や自己理解・他者理解の促進といった心理教育実践の利点を生かしきれるような授業を行うためには，経験を積み，臨機応変に授業を運営することができるように研鑽する必要があるといえます。

　そして，そもそも，「心理教育実践をいかに学校現場に導入するか」ということもまた，

7

大きな課題の1つです。学校では授業のカリキュラムが通年で組まれているため，心理教育実践を行うためにはどこかの枠を譲り受ける必要があります。学校側からの要請で，ゲストティーチャーの形で特別授業を行う場合や，1コマ単発の心理教育を実施する場合であれば難なく枠の確保がかなうことも多いですが，何コマか続く連続の心理教育の場合は学校側との交渉が難航することが多いものです。いずれの場合も，学校側のニーズを把握した上で，担当教員との話し合いを重ねて予定を組むことになりますが，イレギュラーな授業に積極的な教員がいる一方で非協力的な教員も当然いるため，「この授業にはこんな意味やメリットがある」ということを周知し，同時にリスクについても説明をしながら，説得していく必要があります。また学校側と同様に，保護者に理解を求める必要もあります。こちらについては，学校側の協力を得て，学校通信のようなもので周知を行うことが多いですが，必要であれば説明会のようなものを行うケースもあるかもしれません。心理教育を実践するにあたっては，このように学校側と密に連携し，周知理解の徹底と交渉を行っていくことが必要になるのです。

❸　心理教育を学校現場で最大限に生かすには
　　──"ティーム・ティーチング"という発想

　心理教育実践の意義や利点を最大限に生かしつつも，可能な限りリスクを減らし，かつ学校現場にも導入しやすい方法とはどのようなものでしょうか。

　例えば，実践者を心理の専門家ではなく，教員にするという手法が考えられます。先述のように，過去の心理教育実践のなかには，心理の専門家ではなく，教員が実践の担い手となっているものもあります（佐藤・今城ほか，2009）。学校内の教員が授業を行うのであれば，通常の児童生徒の様子を熟知しているために，授業の影響を受けやすそうな参加者に事前に配慮を行ったり，自身の授業枠等を使用することで実践枠を確保できます。また，教員は授業と児童生徒の専門家であるため，意図した内容を参加者に適切に伝達することはもちろん，参加者やクラスの雰囲気に合わせた柔軟な授業展開が可能となるでしょう。さらに，プログラムで得た知識を日常的に強化し，介入効果を持続させることも期待でき（佐藤・今城ほか，2009），プログラムの普及の可能性を広げることもできるかもしれません（倉掛・山崎，2006）。ただし，教員は心理学の知識については持ち合わせていない場合がほとんどであり，プログラムの意図や内容を理解してもらうために，実施に先立って専門家による指導を受けることが必須となってしまいます。現場への導入や普及を考えた場合，この訓練の時間の捻出は非常に難しい点となることは否めません。また，専門的な内容について，専門家であれば授業中に対象者の理解度などを見ながら柔軟に内容を深めたり易しくしたりといったことが可能ですが，教員ではそれが難しいことも考えられます。そう考えると，実践者を教員とした場合の心理教育実践もまた，学校現場での心理教育実

第1章　「うつ予防心理教育プログラム」の必要性

践を最大限生かすという観点からみると，デメリットが目立ってしまいます。

　さて，ここで以前筆者が行ったある実践について触れたいと思います。その実践は，自己理解をテーマとした高校生対象の授業でした。その授業では，多くのワークシートを使用したため，配布作業に時間がかかってしまっていました。その際，教室後方で授業見学のために座っていた担任教諭が，焦っている筆者を気にかけ，配布作業に協力をしてくれたのです。その流れのなかで，板書や意見発表時の促しなどをその先生が引き続き行ってくださったのですが，先生が進行に加わったことで普段の授業に近い雰囲気になったためか，参加者の生徒の意見も活発に出され，結果的にかなり盛り上がった授業となったのです。参加者の感想では「楽しかった」という意見が目立ち，また授業後，その先生からは「普段と違うやりとりができて，新しい発見になった」とのコメントをもらうなど，参加者の生徒にも先生にも，そして筆者自身にとっても意味のある授業であったように感じました。

　この筆者の経験を踏まえ，また，心理の専門家と授業・生徒の専門家である教員が実践を行うメリットとデメリットを鑑みた時，心理教育実践を学校現場で最大限生かすための形として，"ティーム・ティーチング"による実践，という発想がうまれました。心理の専門家と教員が"協働"して実践を行うことで，それぞれのデメリットを最小限に抑えつつ，メリットを生かしていくことが可能なのではないだろうかと思い至ったのです。

①ティーム・ティーチングとは？

　"ティーム・ティーチング（Team Teaching：以下，TT とします）"とは，授業組織の一様式で，2人もしくはそれ以上の教員が，協力して同じ児童生徒グループの授業全体等について責任を持つもの（Shaplin & Olds, 1964）です。児童生徒の個性や思考力を形成していく上で不可欠な授業スタイルともいわれ，複数の教員が多面的に指導を行うことで学校現場における様々な問題解決にも有効とされています（中尾，2011）。その学習形態は，主たる授業者（メインティーチャー：以下，MT）対児童生徒集団がベースとなり，そこに補助の授業者（アシスタントティーチャー：以下，AT）が入ることで授業が展開されていきます（茨城県教育研修センター特殊教育課，2001）。MT と AT が固定されている授業もあれば，授業展開に応じて MT と AT が役割を入れ替える授業も多いようです。また，複数の授業者が共同して指導を行う場合には，MT と AT という関係性ではなく，T1・T2…といったメインとアシスタントという関係性のない役割分担がなされる場合もあるなど，非常に柔軟な展開が可能な授業スタイルになっています。

　TT の始まりは，1957年にマサチューセッツ州レキシントンのフランクリン小学校にて行われた，アメリカのハーバード大学による実践であるとされています。日本においても TT は導入がなされ，1960年代中頃から徐々に実践校が増えていったとされていますが，あまり大きな発展はされてきませんでした。しかし，2008・2009年に公示された学習指導

9

要領において，小学校・中学校・高等学校・特別支援学校のいずれにおいても，指導方法
や指導体制の工夫改善として，教師間の協力的な指導等による個に応じた指導の充実があ
げられ，学習指導要領解説に具体例の１つとして“ティーム・ティーチング”の記載がな
されたのです。学校の実態や，クラス内の習熟度・障害に応じた対応，そして教員それぞ
れの専門分野や特性を生かした授業等，柔軟な対応の促進が明記されており，これを機に
再度，TT という形式が注目されてきています。

② TT の利点と課題

　TT という授業形式には多くの利点と課題が存在します。中尾（2011）は，様々な先行
研究で指摘された TT のメリットを４つの効果として，またデメリットを４つの問題点と
してまとめています。

❖ TT の利点・効果

　１つ目は，「１人の教員では展開しにくい，学習者の個性や個人差を踏まえた学習機会
が増えることによる効果」です。先の学習指導要領でも触れたように，近年は特に個に応
じた指導が求められています。児童生徒それぞれが持つ興味や学習の方法等に合わせたア
プローチを行うことで彼らの能力を伸ばし，また習熟度の違いに合わせた指導法を行い苦
手を克服させていくことで，ひいては学習意欲の促進や学力の向上を図ることが可能にな
ると考えられます。

　２つ目は，「多様な学習評価がなされることの効果」です。それぞれの教員はそれぞれ
の学習評価の指針を持っていることが多いですが，児童生徒もまたそれぞれに多彩な能力
を保持しています。複数の教員によって多面的な評価を行うことで，１人の教員では見出
せなかった能力や特長を拾い上げることができ，またそうした評価を受けることで，児童
生徒の学習意欲や自己肯定感の向上が望まれます。

　３つ目は，「多様な学習環境の効果」です。教員はそれぞれに専門分野や得意とする分
野があり，そうした特性を生かした役割分担や授業スタイルを実践することで，より質の
高い授業の提供が可能となります。また，授業時に様々な教員とやりとりをすることで，
通常授業でなかなか接することのない，担任や教科担任以外の教員との関係が構築されま
す。TT の組み方によっては，教員だけでなく，他のクラスや他の学年との接点もうまれ
ることもあり，そこでも新たな関係構築が可能になるかもしれません。TT は学習面だけ
ではなく，学校生活を送る上で重要となる人間関係においても，その効果が期待できるの
です。

　４つ目は，「現職教育としての効果」です。ここまでの３つは主に授業を受ける児童生
徒にとっての効果でしたが，TT は教員側にも有益な効果をもたらしうるものなのです。
通常，教員は１人で授業を構築し，１人で授業を運営します。しかし TT は，連携する教
員間での意見交換や協力が必須であり，そのなかで各自のスキルの改善点の発見や研鑽へ

第1章 「うつ予防心理教育プログラム」の必要性

の意欲向上がなされることもあります。また，教員間で理解が深まり関係性が深化することで，情報共有が促進されたり，問題の共有が積極的になされるなど，通常業務にもよい影響を与える可能性があるのです。

❖TT の課題

1点目に，「時間的な問題」があげられます。1人で授業を行う場合に比べ，複数人が参加するTTでは，授業を計画する段階においてかなり多くの時間が必要になる場合が多いと考えられます。もちろん，分担をすることで準備時間が短縮される場合もありますが，それぞれの役割分担や意見の統一などにはそれ相応の議論も必要になるでしょう。通常授業や通常職務と並行してこれらの時間を捻出することは，現実的にかなり厳しい面もあると言わざるを得ません。

2点目に，「古い教育観・指導観に関する問題」があげられます。教員にもそれぞれの主義やスタイルがあり，特に教員歴が長い教員の場合，自身の授業スタイルに自信とこだわりを持っていることも多いといえます。TTで役割分担をすることでそれらが変更されたり，新しい別のやり方が導入されることに抵抗感を抱くこともあると考えられ，そのような教員と協働することは非常に難しいように思います。また，無理に実施をしても，TTの利点が生かされないといえるでしょう。

3点目に，「組織としての総意の問題」があげられます。学校組織という枠組みのなかでは，管理職等による，いわゆる上からの意思決定によってTTが運営されることもあります。しかし，教員同士の共通理解や協力が必須であるTTの場合，トップダウンでの運営ではうまくいかないケースがあることが考えられ，可能であれば，管理職だけではなく，学校全体の意識としてTTが実践されていくことが望ましいといえます。

4点目に，「教員間の人間関係の問題」があげられます。2点目とも関わるところではありますが，TTが教員同士の連携をベースとしている以上，展開される授業には教員間の人間関係が大きな影響力を持つことになります。TTが生きるように役割を分担し，お互いの負担が減るような連携ができる場合はよいのですが，MTがATを雑用のように使ったり，ATがほとんど協力をしなかったりといった場合には，TTが機能しないばかりか，悪影響になってしまう可能性もあるのです。TTが機能するかの成否は連携する教員同士の人間関係によって決まるといっても過言ではなく，「よりよい授業をいかにつくるか」「児童生徒のためになる効果的な指導とはなにか」といったことを各教員が考え，話し合い，協力し合える関係構築が非常に重要であるといえます。

③ TT を心理教育に取り入れる利点と課題

さて，ここまでTTについて触れてきましたが，TTは，その定義で担い手を「教員」としているように，主に学校の通常授業や少人数の特別支援に導入されることが想定されています。しかし，児童生徒の個性や思考力を形成していく上で不可欠な授業スタイルと

もいわれ，学校現場における様々な問題解決にも有効とされる（中尾，2011）ということからもわかるように，この形態は心理教育実践にも適応可能だと思われます。これまでの心理教育実践は，学校側のニーズや児童生徒が抱える問題に応えるような形で心理の専門家が「特別授業」を行い，一方で教員は当該授業には基本的に関知はしないけれど，枠の確保や児童生徒への周知など事前の準備をし，またその後のフォローやその授業を児童生徒の日常に生かしていく対応を行う…といったように，「実践」と「実践前後」で心理の専門家と教員が完全に分業しているような形態が主でした。それは，それぞれの専門性が生かされるように尊重するため，またそれぞれの負担が増えないようにするための結果であったと考えられます。しかし，TT を心理教育実践に導入することで，さらに各自の専門性を生かすと共に，負担を減らしていくことも可能になるなど，多くのメリットが得られるのではないでしょうか。

　具体的に，TT を心理教育に導入することで想定できる利点を以下にあげていきます。

❖TT を心理教育に導入する利点(1)：それぞれのメリットが生かせる

　まず何より，心理の専門家が実践者である場合と教員が実践者である場合のそれぞれに存在していたメリットを，複合させる形で生かすことができる点があげられるでしょう。心理の専門家が担当するパートでは，対象者の理解度などを見ながら，専門的な内容について難易度を深めたり易しくしたり，説明方法を変更したりといったことが可能になり，柔軟な知識伝達や理解度の促進が見込まれます。教員が担当するパートでは，授業内容を対象者に適切に伝達し，クラスの雰囲気に合わせた柔軟な授業を展開することで，授業内容の理解の深化が可能になり，また，授業内容を日常的に強化させることで，授業の効果を維持・般化させることができるでしょう。MT や AT をどちらがどういうバランスで担うのか，T1・T2の形にするのか，そのあたりの調整は各実践の特性にもよりますが，どのような形態をとったとしても，これらの双方の強みが授業に反映されると考えられます。

❖TT を心理教育に導入する利点(2)：それぞれのデメリットを相殺できる

　これは同時に，それぞれが実践者である場合に存在していたデメリットを相殺している面もあります。心理の専門家が実践を行う場合の，対象者に合わせた柔軟な授業展開の難しさや1対多の授業運営の難しさについては教員が担うパートでカバーができます。教員が実践を行う場合の，専門的な内容を対象者の理解度に合わせて解説すること等の難しさについては心理の専門家が担うパートで補えばよいのです。もちろん，授業を構築する段階で，それぞれの専門性や特性を十分に生かし，専門外の部分をお互いがフォローできるような流れを吟味していく必要はありますが，それらが機能する展開を設定することができれば，非常に効果的な授業を実施することが可能になるといえます。

❖TT を心理教育に導入する利点(3)：「いつもと同じ」と「いつもと違う」の共存

　また，実践を行う心理の専門家は外部スタッフであることが多く，対象者となる児童生

第1章　「うつ予防心理教育プログラム」の必要性

徒とは初対面であることも多いです。対象者側からすれば，ゲストティーチャーの特別授業を受ける心持ちであるため，多少の興味と緊張感がうまれることが予想され，そのために集中力が高まることも考えられますが，一方で，普段とは違ったかたい雰囲気になってしまったり，外部の人間に対して型通りの反応しかしないということも考えられます。しかし，筆者が実際に経験したように，教員が授業進行に加わる，またはメインで進行を行うことで，授業の雰囲気が「いつも通り」に近いものに変わり，参加者の警戒心や緊張が解け，普段通りの反応を導き出すことが可能になるかもしれません。そしてそれ以上に，顔見知りである教員の下，通常の，試験がある学習指導要領にのっとった「学習」形態の授業とは違った展開がなされれば，児童生徒に解放感が芽生え，普段以上の反応が引き出される可能性もあります。この，TT形式を取り入れることによってうまれる「いつもと同じ」感覚と「いつもとは違う」感覚の共存が，授業をより効果的にすると考えられるのです。

❖TTを心理教育に導入する利点(4)：児童生徒の様子により目を配れる

　さらに，授業者が複数いることで，参加している児童生徒の様子や反応に目を配れることも利点といえます。先にも述べたように，心理教育は自己や他者の内面や行動について触れる内容が多く，それによって正の反応はもちろん負の反応が導き出されることがあります。気分が悪くなったり体調を崩したり，そのような反応を授業者に自ら訴えることができる参加者もいますが，なかなか言い出せずにそのまま苦しい思いをしてしまう参加者が出てきてしまうこともあります。TTの形態や授業者の人数にもよりますが，MTが授業運営をしつつ参加者の反応を見る一方で，ATが参加者の言動はもちろん，ワークシートに記載している内容を含めて重点的に様子を観察することで，このリスクを最小限にとどめることも可能となるのです。

❖TTを心理教育に導入する利点(5)：心理教育実践の学校導入可能性を高める

　そしてもう1つ，心理教育実践の難しさとしてあげた学校への導入可能性についても，TTの形式をとることでその難しさを緩和させることができます。これまでの実践では，授業は心理の専門家が，授業前後は教員が，という形で分業になっていたために，教員としては「授業は心理の専門家にお任せ」となり，実践自体にあまり積極的でないことも多かったのではないかと推測できます。しかしTTとして連携を行う以上，その授業は心理の専門家と教員双方がつくっていくものになるため，教員側のモチベーションや積極性があがる可能性があります。それに伴い，授業枠の確保や，保護者への通知についても，より協力的に動いてもらえる可能性も高くなるのです。もちろんそのためには，そもそもその授業にどれほどの意味があり，どのような効果があるのかといったところを教員側に理解してもらう必要はありますが，TTという形式を活用して学校内にいる教員の協力を得ることで，心理教育実践がスムーズに導入される確率があがると考えられます。

　もちろん，TT導入にはいくつかの課題も想定されます。例えば，これはTT自体の課

13

題の項でも述べましたが，複数の授業者によって授業を運営するという特性上，単体で授業を行う場合に比べ，事前協議等に時間がかかるという点です。もちろん，教員に授業者を担ってもらう場合の事前準備に比べれば，すべてのパートについて訓練を行う必要がないために負担が減ることは間違いありませんが，役割分担の相談や，場合によっては指導案を練るところから時間を割く必要があることもあるかもしれません。それぞれの専門性が生かされるバランスでの役割分担をするためにはそれなりの議論が必要になりますが，この時間を外部の専門家と教員との間で確保するのは，厳しい面があることは否めません。また，心理の専門家が外部スタッフである場合にはTTで協働する教員とは初対面であることが多いため，TTの肝ともいえる「連携する教員との関係性」については，一からの関係構築が必須となります。そして，連携する教員が積極的に関わってくれるようなスタンスであるかは組んでみなければわからず，また積極的に関わってくれたとしても，心理の専門家との専門性のバランスを考えた授業展開に協力的であるかはわかりません。TTの課題でも述べたような，授業に悪影響になるような連携となってしまっては授業が機能しなくなるため，連携する教員の見立てや，協力的な関係の構築を心掛けることが非常に重要になりますが，どのように対応してもそれらが厳しい場合も少なからずあり，この点は最もクリアし難いハードルになりうるかもしれません。

とはいえ，総合的に考えた場合，このTTを取り入れた心理教育実践の形式は，心理教育の意義やメリットを最大限に生かしながら可能な限りリスクを減らした方法であると考えられます。予防的心理教育実践にもTT形式にもそれぞれ課題は存在しますが，それらを克服していくと同時に，それらの利点や意義に目を向けて実践を試みることで，より効果的な予防的心理教育の実践が可能となり，その普及もまた可能になっていくのではないでしょうか。

3 これまでのうつ予防心理教育

さて，ここまでは，心理教育全般について，その意義と課題，どのようにすれば学校現場でそのメリットが最大限に生かされるか，ということを書いてきました。ここからは，実際にこれまで実践されてきたうつ予防を主眼とする心理教育について触れたいと思います。

■ 海外で実践されてきたうつ予防の心理教育

まずは，海外で実践されてきたうつ予防の心理教育についてです。海外では以前より，うつ病予防を目指した心理教育プログラムが数多く開発され，発展してきています（Stice et al., 2009)。はじめのうちは，うつ病の兆候や症状のある個人等を対象とする"インディケイティッド"タイプ，うつ病のリスクが高い個人・集団を対象とする"セレクティブ"タイプの，どちらかといえば「治療型」のプログラムが中心だったといわれていますが，2000年に入ってからは，一般の人すべてを対象とする"ユニバーサル"タイプのプログラムが多く開発されるようになってきました。内容としては認知行動療法的アプローチに基づいたものが発展しており，その多くは成果をあげてきています（Kazdin & Weisz, 1998）。

　ここでは，Stice et al.（2009）が行ったレビュー調査で取り上げられた46研究32プログラムのうち，主要なユニバーサルタイプの11研究9プログラムを概観したいと思います。

　表1-1が，その11研究9プログラムの概要です。全体的な傾向として，プログラムの対象は，小学生，中学生，高校生と，いずれも若年層がターゲットとなっていることがわかります。また，プログラムのセッション数は10回を超えるものが多いといえます。介入要素としては，認知の再構成や問題解決スキル，リラクゼーションなどが中心に扱われています。また，プログラムの実践者は，あらかじめ心理の専門家の訓練を受けた教員か心理の専門家となっていますが，その割合は約半数ずつとなっています。なお，ここには記載していませんが，効果については，明確な抑うつ低減効果などを示したプログラムは全体の1/3程度となっています。

❷　日本で実践されてきたうつ予防の心理教育

　海外における実践と比べると，日本でのうつ予防心理教育実践はまだまだ歴史が浅いです。国立情報学研究所が提供する"Cinii"を用い，「うつ病」「抑うつ」「予防」「プログラム」「心理教育」のキーワードで論文を検索した後，1）うつ病に対する治療プログラムの研究，2）対象者が社会人以上である研究，3）実際に実践や介入を行っていない研究，4）介入の主な対象がうつ病でない研究を除き，またそれぞれの研究の文献内で紹介されている論文も加えたところ，合計12の研究と8つのプログラムが見つかりました（表1-2）。

　日本のプログラム全体の傾向として，海外のプログラムとは異なり，まずセッション数が10回より少ないものが多いことがあげられます。また，海外では中学・高校生に向けたプログラムばかりであったのに対し，日本のプログラムの対象は小学生か大学生であるものが多いことも特徴といえるでしょう。介入要素については，海外のプログラムにも多く盛り込まれていた認知の再構成やリラクゼーション，また，社会的スキルや，認知行動療法的アプローチのベースとなる認知と感情のつながりなどを含んでいるものが多いようです。またプログラムの実践者は，こちらも海外と同様に，あらかじめ心理の専門家の訓練を受けた教員もしくは心理の専門家となっていますが，割合としては，心理の専門家による実践の方が多いことがわかります。なお，こちらもここには記載していませんが，効果

表1-1　海外における主なユニバーサルタイプのうつ予防心理教育実践

	研究者／年	対象	回数	介入要素	プログラム実施者
1	Clarke, Hawkins, Murphy, & Sheeber (1993)	高校生	8回	＊心理教育 ＊快活動の促進	教員
2	Hains & Ellmann (1994)	高校生	13回	＊認知の再構成 ＊問題解決 など	心理の専門家
3	Quayle, Dziurawiec, Roberts, Kane, & Ebsworthy (2001)	中学生	8回	＊思考と感情の関連 ＊思考の変容 ＊アサーションスキル ＊社会的スキル など	教員
4	Shochet, Dadds, Holland, Whitefield, Harnett, & Osgarby (2001)	中学生 高校生	11回	＊認知の再構成 ＊問題解決 ＊リラクゼーション など	心理の専門家
	Merry, McDowell, Wild, Bir, & Cunliffe (2004)	中学生	11回	＊認知の再構成 ＊問題解決 ＊リラクゼーション など	教員
5	Lowry-Webster, Barrett, & Dadds (2001) Lowry-Webster, Barrett, & Lock (2003)	小学生 中学生	10回＋2回	＊認知の再構成 ＊問題解決スキル など	教員
	Barrett, Farrell, Ollendick, & Dadds (2006)	中学生 高校生	12回	＊認知の再構成 ＊問題解決スキル など	教員 （必要に応じ心理の専門家の補助あり）
6	Spence, Sheffield, & Donovan (2003 ; 2005)	中学生	8回	＊認知の再構成 ＊問題解決スキル	教員
7	Pössel, Horn, Groen, & Hautzinger (2004)	中学生	10回	＊認知と感情，行動の関連 ＊認知の再構成 ＊アサーションスキル など	心理の専門家
8	Chaplin, Gillham, Reivich, Elkon, Samuels, Freres, Winder, & Seligman (2006)	中学生	12回	＊認知的スキル ＊問題解決スキル	教員または心理の専門家
9	Horowitz, Garber, Ciesla, Young, & Mufson (2007)	高校生	15回	＊認知的介入	心理の専門家

第 1 章 「うつ予防心理教育プログラム」の必要性

表 1-2　日本における主なユニバーサルタイプのうつ予防心理教育実践

	研究者／年	対　象	回　数	介入要素	プログラム実施者
1	坂本・西河 (2002)	大学生	11回	＊認知と感情のつながり ＊認知の歪みの修正 ＊グループワーク ＊エンプティ・チェアー　など	心理の専門家
2	白石 (2005)	大学生	4回 ＋ホームワーク	＊面談 ＊非機能的思考記録 ＊活動記録　など	心理の専門家
3	倉掛・山崎 (2006)	小学生	13回	＊認知の改善 ＊ネガティブ感情のコーピング ＊アサーティブ行動の獲得 ＊リラクゼーション　など	心理の専門家
4	及川・坂本 (2007)	大学生	7回 ＋ホームワーク	＊認知行動的枠組みの解説 ＊認知と感情のつながり ＊認知の変容 ＊自己開示・自己主張　など	心理の専門家
	及川・坂本 (2008)	大学生	9回 ＋ホームワーク	＊認知行動的枠組みの解説 ＊認知と感情のつながり ＊認知の変容 ＊自己開示・自己主張 ＊リラクゼーション　など	心理の専門家
	及川・西河・坂本 (2014)	大学生	3回	＊認知行動的枠組みの解説 ＊認知と感情のつながり ＊認知の変容 ＊リラクゼーション　など	心理の専門家
5	石川・戸ヶ崎・佐藤・佐藤 (2007)	中学生	8回	＊社会的スキル（主張性スキル，援助要請スキルなど） ＊認知と感情のつながり ＊認知の変容　など	教員
	石川・戸ヶ崎・佐藤・佐藤 (2009)	中学生	8回	＊社会的スキル（主張性スキル，援助要請スキルなど） ＊認知と感情のつながり ＊認知の変容　など	教員 （心理の知識有り）
6	小関・嶋田・佐々木 (2007)	小学生	2回	＊認知的心理教育	心理の専門家
	小関・嶋田・佐々木・藤田 (2008)	小学生	2回	＊認知的心理教育	心理の専門家
7	佐藤・今城・戸ヶ崎・石川・佐藤・佐藤 (2009)	小学生	9回	＊社会的スキル訓練 ＊認知の再構成　など	初回は心理の専門家，2回目以降は教員（必要に応じて心理の専門家の補助あり）
8	白石・松下・田中・島津・近藤・越川・石井 (2013)	大学生	8回 ＋ホームワーク	＊認知行動療法の概要説明 ＊活動記録 ＊非機能的思考記録 ＊自己教示法 ＊よかった出来事リスト　など	心理の専門家

については，明確な抑うつ低減効果などを示したプログラムは全体の1/3程度となっています。

❸ これまで実践されてきたうつ予防心理教育プログラムの課題

❶と❷で概観した，海外及び国内で実施されてきたこれまでのプログラムについて，前章の問題意識ともあわせ，総合的な課題点を以下にまとめていきます。大きく分けて，心理教育プログラムの構成面に関する課題と，心理教育プログラムを現場に導入する上での課題の，2つになります。

①心理教育プログラムの構成面に関する課題
まず，心理教育プログラム自体の課題について，2点あげたいと思います。

1点目は，明確な効果を示したプログラムがまだまだ少ない，という点です。先行研究の概観でも少し触れたように，明確な効果を示したプログラムは国内外の研究のいずれも1/3程度でした。もともと，ユニバーサルタイプのプログラムは抑うつ改善効果が得られにくいとされているため（Horowitz & Garber, 2006），この点はユニバーサルタイプのうつ病予防心理教育プログラム全体の課題ともいえるかもしれませんが，明確な効果を保持したプログラムを今後増やしていくためには，何らかの対策が必要になってきます。その1つとして，これまでに扱われてこなかった新しく有効な介入要素を導入していくこと，というものが考えられますが，例えば筆者が具体的に取り上げたい要素として，「反芻」があげられます。反芻とは，「恐れや損失，自分に対する不正直さによって動機づけられた，否定的で慢性的で持続的な自己注目」のことです（Takano & Tanno, 2009）。大学生以上を対象とした研究では，反芻は個人の苦悩や不幸せな記憶と正の相関があることが示されており（Joireman et al., 2002 ; Teasdale & Green, 2004），抑うつと関連があるとされています（Takano & Tanno, 2009）。こうしたことから，反芻への対処スキルをプログラムの要素として取り入れることで，抑うつ予防により有効な影響を及ぼすことができると考えられます。既存のプログラムでは，心理教育や認知の再構成などの要素が頻繁に用いられてきました（佐藤・嶋田，2006）が，このような新しい要素を取り入れてみることが，より効果的なプログラムの開発に向けての課題と考えます。

2点目は，プログラムの対象者についてです。海外で実施されてきたプログラムでは中学生・高校生を対象としたものが多い一方，日本で実施されてきたプログラムでは，先に紹介した8プログラムのうち，そのほとんどは対象が大学生か小学生となっていました。中学生を対象としたものは1つにとどまっており，高校生を対象としたプログラムはこれまでに開発・実施がなされていません。先述の通り，日本における中学・高校生の年代は特に抑うつに対しハイリスクであるという報告が様々になされていることを考えると，彼

18

らに向けたうつ病予防の心理教育プログラムの開発と充実は，非常に重要な課題といえるでしょう。

②心理教育プログラムを現場に導入する上での課題

　次に，心理教育実践を学校現場に導入するにあたっての課題を2点あげたいと思います。

　1点目は，セッション数についてです。日本で実施されてきたプログラムの多くは，7〜9セッションにおさまっています。海外のプログラムでは10セッション以上のものがほとんどであるため，それと比べると非常にコンパクトなボリュームに思えます。しかし，海外におけるプログラム実践は，学校側と研究者側が，なかには国の協力も得て全面的にタッグを組んで実践を行っているものが多く，そのためにこうした長いセッションでの実践が可能になっているという事情があります。一方日本ではそのようなケースはほとんどないため，プログラムの導入に際しては，先にも述べたように，学校側との交渉によってすでに決まっているカリキュラムのいずれかの枠に入れ込んでもらう必要が生じます。そう考えた場合，10セッション前後という数は多いと言わざるを得ず，枠を確保し，さらにそれを連続させるということはかなり厳しい現状があります。このため，プログラムをいかに導入しやすいサイズで提供するかということは，プログラム開発・実施における重要な課題だといえます。

　2点目は，プログラムの実践者・形態についてです。こちらも先にも述べたように，国内外でこれまで実施されてきたプログラムの実施者は，主に心理の専門家か教員かの2通りでした。そして日本では前者の心理の専門家による実践が多い傾向がありますが，その心理の専門家は外部スタッフであることも多く，心理教育実践の意義やメリットを説明してもなかなか学校側の協力が得られなかったり，枠の確保がうまくなされないケースも多く存在します。学校にスムーズに実践を導入していく上では教員との連携が必須であり，さらに心理教育実践の意義を最大限に生かすためには，プログラムの実践者や形態に工夫が必要と考えられます。例えばその形態の1つとしては，先に取り上げたTTの導入があげられるでしょう。TTの形式をとることで，心理の専門家と教員が実践を担う場合に生じるそれぞれのメリットを複合し，かつデメリットを相殺させることができます。また，教員との連携がより密になるために，教員側の協力体制も深まることが予想され，枠の確保等においても積極的に動いてもらえる可能性もあがることが考えられます。心理教育実践を学校に導入していくにあたっては，こうしたTTの導入など，実施者や実践形態における工夫を行うことが必須の課題であるといえるでしょう。

第 2 章
「うつ予防心理教育プログラム」の開発まで

❋この章では，うつ予防心理教育プログラムの開発過程を紹介します。
❋実際に開発した「試行版プログラム」の内容について詳しく触れ，修正の過程を説明しています。

1 試行版プログラムの開発・実践

ここまでの話をざっとまとめます。

・日本における中学・高校生は高い抑うつ傾向を示しており，そうした状況への対応が急務となっている。
・抑うつ傾向への早急で有効な介入としては「予防」があげられる。
・「予防」の１つの手法といえるユニバーサルタイプの心理教育プログラムの開発と実施は海外では以前よりかなり実践がなされており，効果も示されている。
・日本においても同様のプログラム開発・実践研究が発展しつつあるが，中学生を対象とした研究は少なく，また高校生を対象とした研究はこれまでにないようだ。
・実施されてきたプログラムについても，明確な効果を示したものがまだ少なく，新しい介入要素の導入等が必要と考えられる。
・学校への導入可能性についても，セッション数や実施者・実施形態の観点から厳しいと考えられるものも多い現状があるため，工夫が必要である。

こうした課題を踏まえ，筆者はまず，一般の中学・高校生を対象としたユニバーサルタイプのうつ病予防の試行版心理教育プログラムを開発・実践することにしました。開発する心理教育プログラムには，これまで扱われてこなかった介入要素を導入し，より確かな効果の獲得を目指します。また，できるだけ学校に導入しやすいプログラムを目指すため，セッション数を少なめに設定することとしました。

なお，「うつ病」という単語は，対象者により強く深刻なイメージを想起させると考えられたため，以降のプログラム開発や実践においては「うつ」ということばを主に使用し，対象者がプログラムに抵抗なく参加しやすいよう配慮しました。

■ 試行版プログラムの作成と概要

①試行版プログラムの作成

まず，認知行動療法的アプローチに基づいたうつ予防の集団実施の心理教育プログラム（Lowry-Webster et al., 2001；Shochet et al., 2001；石川ほか，2009など）を参考に，プログラムの介入要素の選定を行いました。ほぼいずれのプログラムにも含まれている「感情と思考の関連」「認知の再構成」を選択し，さらに新しい介入要素となる「対反芻」を盛り込むこととしました。また，それらの介入要素がスムーズに対象者に理解されるよう，「感

情と思考の気づき」という認知行動療法のベースになる要素も取り入れることとしました。さらに，プログラムのテーマである「うつ」についての正しい知識もまた予防には不可欠であると考え，「心理教育」の要素を盛り込むこととしました。

　次に，介入要素の提示順について検討を行いました。まずは大枠となる「心理教育」を一番初めに設定した上で，その次に認知行動療法のベースとなる「感情と思考の気づき」を設定，その流れから3つ目として「感情と思考の関連」をその次に設定することとしました。続く4つ目には，「感情と思考の関連」を踏まえてからがよいと想定される「認知の再構成」を設定し，そして5つ目に「対反芻」を取り入れ，最後にまとめと振り返りとしてもう1度「心理教育」を設定することとしました。「認知の再構成」はおそらく対象者にとって難易度が高いと考えられ，プログラムへの理解が深まってきた中盤に設定することで，対象者への導入もスムーズになると考えられます。また行動的な面もある「対反芻」は，認知面へのアプローチが続いた後の終盤に入れ込むことで生徒の注意を引くことができると考えられ，またプログラム全体の緩急という意味でもこの位置がよいと考えました。

　介入要素の提示順が決定した後，今度は授業のセッション数について検討を行いました。「心理教育」の介入要素を約1セッション（50分）として想定した上で，そのほかの介入要素についてその内容の重要度や難易度を鑑み，「感情と思考の気づき」「感情と思考の関連」を合わせて1.5セッション，「認知の再構成」を2セッション，「対反芻」を1.5セッションとして設定することとしました。その結果，本プログラムは合計6セッションの構想となりました。

　そして最後に，具体的な授業内容の検討を行いました。それぞれの介入要素について，これまで実践されてきたプログラムや道徳・保健などの教科書，そして筆者がこれまでに行ってきた様々な心理教育実践での経験を参考にし，中学・高校生に興味を持ってもらえるような教材の作成や内容運び，理解しやすいような例示や図解の選定などを行いながら，授業内容を作成しました。その結果，プログラムは「心理教育」をベースとした上で，「感情と思考の気づき」および「感情と思考の関連」を反映させた"自分自身の気持ちや考えを振り返り，自らの状態を把握する"スキル，「認知の再構成」を反映させた"否定的な考えを修正する"スキル，「対反芻」を反映させた"否定的な考えから脱出する"スキルという，3つの予防スキルを実践・獲得していく内容となりました。

②試行版プログラムの概要

　以上の流れをもとに，独自の試行版うつ予防心理教育プログラムが開発されました。プログラムは全6セッション（1回50分）であり，①心理教育，②感情と思考の気づき，③感情と思考の関連，④認知の再構成，⑤対反芻の5つの構成要素からなっています（表2-1）。各回は主にディスカッションやロールプレイなどから構成されています。

表2-1　試行版プログラムのテーマと介入要素

セッション	テーマ	介入要素
第1回	うつについて知る	心理教育
第2回	自分の気持ちや考えを振り返る（スキル①） 気持ちと考えの関連を知る	感情と思考の気づき 感情と思考の関連
第3回	自分の気持ちや考えを振り返る（スキル①） 否定的な考えに気づく 否定的な考えを修正する（スキル②）	感情と思考の気づき 認知の再構成
第4回	否定的な考えを修正する（スキル②）	認知の再構成
第5回	否定的な考えを修正する（スキル②） 否定的な考えに没頭してしまうことに気づく 否定的な考えから脱出する（スキル③）	認知の再構成 対反芻
第6回	否定的な考えから脱出する（スキル③） 全体の振り返りと，二次予防の心理教育	対反芻 心理教育

❖第1回：うつについての心理教育

　「うつ状態になると体や心がどのようになるのか」「どういう症状があるとうつといえるのか」等を説明し，生徒たちが持っていたうつのイメージとの違いや共通点などを整理させます。また，ワークシートに示されたストーリーを読み，登場人物がなぜうつ症状を呈し，そしてうつ状態になってしまったのか，どこを変えればうつ状態にならずに過ごすことができるのかを議論させ，うつのきっかけについて共有します。そして，そのきっかけをうまく見つけ，うまく対処できればうつは予防できるということを説明し，またその予防が本授業の目的であることも伝えます。

❖第2・3回：感情と思考の気づき／感情と思考の関連

　アニメキャラクターのイラストやマンガを用い，それらに出てきたような出来事（思った通りに物事が進まない，友人との意見の相違等）があった場合の自分の考えや気持ちに気づく練習を行います。そして，そのように「自分自身の気持ちや考えを振り返り，自らの状態を把握する」ことは，うつを予防するためのスキルであることを伝えます。また気持ちには考えが深く関わっていることと，考えを変えると気持ちも変わることを説明します。その上で，気持ちが大きく関わるうつには考えをうまくコントロールすることで対処できることを伝えます。

❖第3・4・5回：認知の再構成

　ワークシートに示されたストーリーを読み，登場人物の「考え」の特徴を議論させ，「否定的」で「現実に即していない」考えがうつを導くということを共有します。そしてそのような「否定的な考えを修正する」ことはうつを予防するためのスキルであることを説明します。それらを踏まえ，マンガやアニメーションの1シーン等を用い，登場人物たちが持っている「否定的」で「現実に即していない」考えを探す練習，及びそれらをより

「現実に即している」考えに修正するグループワークを行います。また，それによって気持ちが変化することを確認します。その後，対象者にとって身近な出来事（試験で満足のいく点がとれなかった時，電車に乗り損なった時等）をとりあげ，そのような出来事があった場合の自分の考えや気持ちを推定した上で，そこに「否定的」で「現実に即していない」考えがないかを探す練習，そしてそれらをより「現実に即している」考えに修正する練習も行います。また，それによって気持ちが変化することを確認します。

❖第5・6回：対反芻

ワークシートに示されたストーリーを読み，否定的で現実に即していない考えに「とらわれてしまうこと」（反芻）もまたうつを導くということを共有します。その上で，そのような「否定的な考えから脱出する」ことはうつを予防するためのスキルの1つであることを説明します。自分が普段から行っている嫌いな考え・嫌なことからの脱出法を確認し，グループワークを通して周囲の人が活用している脱出法を共有させます。また，簡単に活用できるその他の脱出法として，呼吸を整える方法やイメージを活用する方法の紹介も行います。そしてそれらを実際に実践することで，「否定的な考えから脱出」することを体験させます。最後にまとめとして，これまでに学んできた3つのスキルについて振り返り，難しかった点などを共有した上で，今後の継続的な実践を促します。また，スキルを実践することによってうつは予防できるが完全には防げないことを伝え，1人で対処できなくなった際には専門家に相談することが必要であることを説明します。

② 方　法

①対象者と実施期間

関東の都市部公立Ａ高等学校の生徒のうち，高校2年生・3年生計58名を対象としました。そのうち，心理学（選択科目）を受講した29名をプログラム実施群とし，他の選択科目を受講した29名を統制群としました。実施群の分析には，講義を欠席した者を除いた計20名のデータを，統制群の分析には2度の査定調査に回答をした18名のデータを使用しました。プログラムは，2009年9月初旬から下旬にかけての4週間において，1週間に1～2セッションのペースで全6セッションを実施しました。

②実施手続きと実施者

Ａ高等学校の一教室にて，心理学（選択科目）の授業のうち6コマを使用し，心理教育プログラムを実施しました。プログラムは筆者自身が授業講師として，単独で実施しました。

③介入効果の査定

　「プログラム理解度」「抑うつの程度」の測定と，「感想データ」の収集によって介入効果を査定しました。「プログラム理解度」は，対象者がプログラムを適切に理解したかを調べるもので，各セッション終了時に各授業を構成するテーマや内容に関わる項目についての理解度を6段階で評定させるものです。「抑うつの程度」は，プログラム実施前後に「CES-D日本語版」（島ほか，1985）という対象者の抑うつの程度を測定する質問紙（「なかなか眠れない」「毎日楽しい」などの20項目について，1週間のうちの程度を答えるもの）に回答してもらうことで測定します。「感想データ」については，プログラム終了後に対象者に授業内容についての感想を自由に書いてもらったものです。

❸　結果と考察

①プログラムの介入効果

　プログラムの介入効果についての詳細なデータは巻末の資料1をご覧いただければと思いますが，ここでは実践により得られた考察をざっと述べたいと思います。

　まず，「プログラム理解度」の測定により，プログラムは対象者により十分に理解されていたことがわかりました。また，「抑うつの程度」を分析した結果，プログラムを実施した対象者はプログラム実施前後で抑うつの程度が減少したことが示されました。これはつまり，開発した試行版プログラムに介入効果があったことを示しています。

　「感想データ」からは，プログラムの対象者がうつをより身近で深刻なものと認識するようになったことが示されました。積極的に予防に取り組もうという姿勢が獲得されたことや，自分自身だけでなく周囲の人たちの予防についても取り組みたいと思ったことなども示されており，これらは，うつの一次予防や二次予防を促進するものであると考えられます。また，「考え」からの脱出の重要性の理解が得られたことも示されており，これは新しい介入要素である「対反芻」が生徒にしっかりと理解されたことを示しているといえるでしょう。そのほか，うつというテーマにも飽きずに積極的に取り組めたことや，グループワークや教材等に対する対象者のポジティブな評価なども得られました。このことから，うつというテーマが高校生に受け入れられたことや，授業形式・教材が高校生という年代に適したものであったことが示唆されたといえます。

②試行版プログラムの課題と修正に向けて

　一方で，課題点も見えてきました。

　第1は，プログラム対象者を増やした実践を行うことです。今回の実践では58名を対象とし，また都市部の公立学校に所属する生徒を対象に実践を行いましたが，これまでのプログラム実践では100人を超す人数を対象者としているものもあり，またいろいろな地域

での実践がなされているものもあります。一般化可能性という観点から，今後は実践対象者・対象校の規模を拡大していくことが望ましいといえます。

　第2は，プログラムの予防効果に対する長期的で継続的なフォローアップを行うことです。今回の実践ではプログラム実施前後における抑うつの程度に対する介入効果が示されています。が，効果が一時的にではなく実際に継続的に機能しているかどうかについては，より長期的に実施群と統制群についてのデータを追跡する必要があるでしょう。

　第3は，本プログラムが独自に取り入れた「対反芻」の介入要素に対しても，「反芻の程度」といった介入指標を取り入れて検討を行うことです。今回は「抑うつの程度」のみの測定になりましたが，新しく導入した介入要素である「対反芻」についてはより重点的な検討が必要と考えます。

　第4は，プログラムをよりコンパクトにすることです。今回は選択授業の枠で本プログラムを実施したこともあり，全6セッションのプログラムを連続で行う枠を確保することができましたが，他の授業枠との調整を行うなど事前の準備が非常に大変でもありました。また，保健体育や道徳などの通常授業で枠を確保するとなると，連続6枠は現実的な数字とはいえません。できるだけセッションの数を減らし，また質問紙実施や理解度評定なども必要最低限にすることで，学校現場で導入しやすいコンパクトな形式にできればと考えました。

2 試行版プログラムの修正

■ 試行版プログラムの修正点

①試行版プログラム感想データからの修正点

　実践で得られた試行版プログラムの対象者の感想データのうち，"授業内容への評価"に関するものについて，より詳細に分析を行いました。その結果，"良かった点"と"改善点"の2つのカテゴリーが得られ，それぞれから複数の下位カテゴリーが抽出されました（表2-2）。

　まず"良かった点"では，'面白かった'という全体的な感想と共に，'事例の身近さ''説明の細かさ''動きがあった''プリント'という具体的な内容への評価が得られました。これらの下位カテゴリーから，取り上げた事例が対象者にとって取り組みやすかったこと，授業内容に関わる説明が適切であったこと，グループワークやプリントを用いた介入方法が対象者にとって好意的に受け入れられたことがうかがえます。

　一方"改善点"についても，'講義形式''事例で用いた題材''プリント'といった具体的な内容が得られました。これらの下位カテゴリーから，まず，"良かった点"におい

表 2-2　"授業内容への評価"の下位カテゴリーとローデータ

カテゴリー	下位カテゴリー	ローデータの例
良かった点	面白かった	*全部たのしかったです，面白かった！ *あきずに受けられました，面白かったです
	事例の身近さ	*学校の話とかが身近でよかったと思いました *アニメのシーンを使っててわかりやすかった
	説明の細かさ	*説明が詳しくてよかった *ひとつひとつのことについて丁寧に教えてくれてわかりやすかったです
	動きがあった	*グループワークが面白かった *人にあてて答えてもらっていたのは，とてもよかった
	プリント	*毎授業プリントにまとめてあったので，重要な点を理解しやすかった *プリントが，後で見直してもわかりやすそうでよかった
改善点	講義形式	*講義はどうしても眠くなった *聞いているだけの時間は，寝ている人が多かった
	事例で用いた題材	*出てきたアニメを見たことがなかった…かわいかったけど *話はしっているけど，出てきたシーンを覚えてなかった
	プリント	*もちろん授業だからそうなんだけど，プリントが授業みたいだった *字が多くて難しかった

て評価された‘動き’のある内容と対照的な‘講義形式’が，対象者にとっては不評であることが示されたといえます。また，"良かった点"で評価された‘事例’と‘プリント’が，一部の対象者にとってはわかりづらかったことがうかがえました。

　以上のことから，試行版プログラムの修正・完成版プログラムの作成に向け，まず試行版プログラムの要素でそのまま生かした方がよい点や増やした方がよい点については，①身近な事例を用いること，②詳細で丁寧な説明，③「動き」のある展開，があげられるでしょう。これらは試行版プログラム作成の段階から心掛けていた点ではありますが，完成版プログラムではより一層これらの点について工夫を行いたいと思いました。

　一方修正点については，①講義形式の時間を可能な限り減らすこと，②事例で用いる題材の工夫，③プリントのわかりやすさの向上，があげられます。

　①については試行版プログラム作成の段階でも気を付けていた点ではありますが，不十分であったことが示唆されているため，この点に気を付けて完成版プログラムを作成したいと思いました。うつについての心理教育など，講義が不可欠な介入要素も存在しますが，その後のテーマではグループワークや対象者の発表，ディスカッションなどの時間を積極的に増やすことで，対象者が受け身的にならないよう工夫を行いたいと考えます。

　②については，試行版プログラムでは対象者に馴染みがあると考えられる既存のアニメやキャラクターを用いて授業を行い，実際に‘身近’であるなど好ましい評価も得ていましたが，一部の対象者はそれらを知らなかったことが今回示されました。このため，完成版プログラムでは，対象者の親密度に差が出る既存のアニメやキャラクターではなく，独

自に作成したイラストやキャラクターなどを用いて，全員が取り組みやすい，馴染みやすい題材の使用を徹底したいと考えました。

　また③については，プリントについて，「わかりやすかった」という感想がある一方で「字が多い」というような具体的な指摘を得ることができたため，より対象者が取り組みやすくなるよう，要点をわかりやすくまとめ，イラストなども追加したプリントを作成したいと思いました。

②試行版プログラムの修正点の整理

　試行版プログラム実施後にあげた改善点及び先に示した感想データから得られた修正点をまとめたものが，以下の表2-3です。

表2-3　試行版プログラムの修正点

修正対象	修正内容
プログラム内容	＊セッション数を可能な限り減らす ＊ワークシートの内容の変更（独自のイラスト使用，要点をまとめ字を減らすなど） ＊講義の時間を可能な限り減らし，発表やディスカッション，グループワークなどの動きのある時間を増やす
効果の検討	＊「対反芻」要素について量的な検討を行えるよう，適切な効果指標を設定 ＊理解度評定については，全プログラム後に一括して実施
実施の方法	＊対象者を可能な限り増やす ＊可能な範囲で，実施群と統制群の同質性を確保する ＊可能な限り継続的なフォローアップ調査を行う

　主に，プログラム内容に関するもの，効果の検討に関するもの，及び実施の方法に関するものの3点について，試行版プログラムには複数の修正点が見出されました。「プログラム内容」については，効果が得られた試行版プログラムの内容自体にはそこまで変更を加えず，余分な部分を減らしていくこと，作業時間が冗長であった部分を削ることなどで，効果はそのままに，コンパクトかつ対象者が取り組みやすい内容になるよう目指しました。また「効果の検討」については修正点に沿う形で，「実施の方法」については調査を実施する学校側の都合との兼ね合いを調整しながらできる範囲で，それぞれ調整をしていきたいと考えました。

❷　試行版プログラムの修正

　上記の修正点をもとに，実際に試行版プログラムの修正を行いました。
　プログラム内容については大きな変更は行いませんでしたが，まず介入要素について，「感情と思考の気づき」と「感情と思考の関連」は一連のものであると考えられたため，「感情と思考の関連」としてひとまとめにすることで，よりシンプルでわかりやすい構成

となるようにしました。

　それを踏まえ，大きな修正点としてまずセッション数について，試行版プログラムは6セッションの構成となっていましたが，よりコンパクトになるよう修正を行いました。具体的には，各介入要素への割り当てを「心理教育」で0.5セッション，「感情と思考の関連」で1セッション，「認知の再構成」で1.5セッション，「対反芻」で1セッションと想定し，全4セッションの構成に変更することとしました。これに伴い，各授業内容についても，大きな流れについては変更はありませんが，柱となる3つのスキルの必要性については各回で解説するのではなく心理教育のセッションでまとめて解説をしたり，ストーリーで提示していたところを1コマの絵としたり，煩雑であった事例をコンパクトにするなど，冗長な部分を削ることで各セッション数の削減に対応するよう修正を行いました。

　次にワークシートについて，字での説明が多かった部分を要点に絞り，また内容に即したイラストを加えることで，その内容が対象者により入りやすいように修正しました。イラストについても，試行版プログラムでは既存のキャラクターを用いていましたが，それを知る対象者と知らない対象者でワークへの意欲や理解度に差が出ることがないよう，講師自身を模したキャラクターや生徒が親しみやすいような対象を用いることとしました。

　また，授業の形式として，試行版プログラムで講義やワークシート実施形式のみになっていた箇所（うつについての知識の伝達，自分の考えや気持ちに気づくワーク，自身の否定的な考えを修正するワークなど）についても，生徒の意見を発表させ共有する時間やグループワークの時間を入れるなど，動きのある時間を増やすよう修正を行っています。

　効果の検討については，まず「対反芻」を測定する効果指標として“ネガティブな反すう尺度”（伊藤・上里，2001）を用いることとしました。この尺度は全11項目からなり，ネガティブなことを繰り返し考え続ける反芻の傾向とそのコントロール可能性を測定する内容となっています。

　次に理解度評定については，試行版プログラムでは各セッション後に実施をしていましたが，これをプログラム終了後（第4回後）に一括して行うこととしました。

　最後に，実施の方法についてですが，これは対象校との調整が必須となるため，大幅な変更は厳しい状況がありました。可能な範囲で，一学年全体や複数クラスを対象者として設定すること，振り分けが可能な場合は実施群と統制群の割り当てをランダムに行うこと，プログラム実施から3〜6ヶ月の期間にわたって継続的に効果測定を実施することなどを，各対象校と調整し，改善を目指しました。

　以上が，試行版プログラムの修正になります。次の第3章では，修正を反映させた完成版プログラム（カウンセラー（CO）版プログラム）のマニュアルの提示と実施例の紹介を行います。また，続く第4章では，そのCO版プログラムを土台として，授業形式にティーム・ティーチングを取り入れたTTによるプログラム（TT版プログラム）のマニュアル提示と実施例の紹介を行いたいと思います。

第 3 章
「うつ予防心理教育プログラム」の実践①
カウンセラーによる授業

> ✤この章では，第2章での修正を反映させた，完成版の「カウンセラー（CO）版プログラム」の概要（マニュアル）と実施例を紹介します。
> ✤CO版プログラムでは，カウンセラーが単独の授業者となって実践を行います。

1 CO版プログラムの実施マニュアル

■ CO版プログラムの概要

CO版プログラムは，セッション数を全4セッション（1回50分）とし，1）心理教育，2）感情と思考の関連，3）認知の再構成，4）対反芻，の4つの構成要素からなっています（表3-1）。授業は，全セッションを通じてカウンセラーが単独で行います。

表3-1　CO版プログラムのテーマと介入要素

セッション	テーマ	介入要素
第1回	うつについて知る 自分の気持ちと考えに気づく(1)	心理教育 感情と思考の関連
第2回	自分の気持ちと考えに気づく(2) 考え方のクセを変える(1)	感情と思考の関連 認知の再構成
第3回	考え方のクセを変える(2)	認知の再構成
第4回	考え込まないようにする まとめ	対反芻

①第1回概要

第1回は，まず，うつについて生徒に知ってもらうため，全体のテーマを伝えた上で，授業前の時点で生徒が持っているうつのイメージや知識をまずワークシートで整理させ，また複数人に発表をさせ，全体で共有することとしました。そしてそれらを板書した上で，実際のうつの症状についての説明を行い，時に板書に書かれた生徒の事前知識やイメージを拾いながら，解説を行います。これは，ただ知識を伝えられるよりも，生徒が事前に持っているうつの知識と実際の知識を比較することで，しっかりとインパクトを持った伝達ができると考えたためです。また，うつの症状だけでなく，どうしてうつになるのかについて説明することで，本授業の目的である「うつの予防」についてもリンクさせた説明が可能と考え，生徒らに落ち込みからうつに至るまでの過程を説明し，うつに陥ってしまうきっかけや維持要因について伝え，「きっかけに気づき，対処ができればうつは予防できる」ことを説明することとしました。そして，その予防が本授業の目的であることを伝え，具体的に3つの予防法があることも伝達します。

次に，さっそく予防法の1つ，自分自身の感情と思考の状態をモニタリングすること（「自分の気持ちと考えに気づく」）を扱う旨を伝えます。そして，感情と認知が関連していることについて具体例を用いて説明し，いかにその関係性がうつにもリンクしているかを

第3章 「うつ予防心理教育プログラム」の実践①

解説することで，生徒らにその予防法の重要性を伝えます。また実際に後半の時間には生徒にとって身近な話題をとりあげ，日常生活における自身の感情・認知・行動を振り返る練習を行うこととしました。各自でワークシートに取り組ませた後，その回答を複数人に板書・発表させ，うまい表現や個性的な表現についてとりあげたり，それを元に意見交換をさせることで，予防法が理解されているか確認すると共に，同じ状況でも思考が変われば感情も変化すること等をより実感を持って理解させることを目指します。

②第2回概要

　第2回は，「自分の気持ちと考えに気づく」練習の続きを行います。これは，1つ目の予防スキルの復習を行うことで，知識を浸透させる狙いがあります。そしてある程度そのスキルの復習を行ったところで，次に予防法の2つ目として認知の歪みの修正（「考え方のクセをかえる」）をとりあげることとしました。まず，主な認知の歪みについて例を用いてひとつひとつ解説を行うとともに，理解を深めるためのクイズなどを行います。認知の歪みについては種類が多くありますが，あまり多く伝えても煩雑になるため，ここでは生徒も陥りそうな5つに絞り，伝達することとしました。また認知の歪みについては難しい説明になりがちであるため，こちらで用意したオリジナルのキャラクターを用いることで，生徒に説明がわかりやすくなることと，理解の促進を目指しました。さらにクイズも用いることで，講義形式のような時間帯とのメリハリをつけ，同時に生徒の知識の定着も図ります。

③第3回概要

　第3回はまず，第2回で解説を行った認知の歪みについて，実際に修正をする練習を行うこととしました。認知の歪みを修正するための方法を例をあげながら解説した後，まず各自で認知の歪みを持っているキャラクターの思考をより現実的な思考に変えるワークシートに取り組ませます。その後複数人に発表を求め，うまい表現をとりあげたり，改善案や他の修正表現について考えさせるなかで，様々な修正方法や視野の広げ方があることを確認します。

　また授業の後半では，人によってとらえ方が変わってくると考えられる身近な事例をとりあげ，自分であればどう考えるか，そこに認知の歪みが含まれているか，含まれていればどう修正すればよいかを実践するワークを行うこととしました。これについても各自で取り組んだ後，発表と意見交換をさせます。その後，まとめとして人それぞれ考え方が違うことや，違った視点から物事を見つめ思考を変えることの重要性や，そうすることで気持ちも変化することについてあらためて伝えることとしました。

④第4回概要

　第4回は，予防法の3つ目として対反芻（「考え込まないようにする」）をとりあげます。

33

対反芻スキルとして使えそうな方法をこちらから紹介したり，生徒同士で考えさせるなどとし，それらを板書・発表させた後に「新しい」「使えそう」と思ったものについてワークシートに追記させることとしました。以降にこちらからも対反芻の方法については伝えますが，各自にとって馴染みのある方法や，同年代ならではの方法があると考え，まずはそれらを再確認させたい狙いがあります。それらを踏まえた上で，次に，リラックスする方法や集中する方法など，こちらから新しい方法を伝えた上でその場で実践を行い，実際に「考え込まない」ことを体験させることとしました。知識の伝達だけでは定着が図れない可能性もあるため，このような「体験」もまた重要と考えます。そしてその結果気分がどのように変化したかを振り返らせた上で，その体験を元に自分が使えそうな，自分に合っていそうな対反芻スキルを改めて考えさせます。また，まとめとして様々な方法があることや今後もより自分にあう方法を探してほしいことなどを伝えることとしました。

　最後に，全4回のまとめとしてこれまで学習した3つの予防スキルについて振り返りを行い，それぞれについて日常生活のなかでぜひ実践してほしい旨を伝えます。また，スキル実践により予防は可能であるが完全ではないことを伝え，1人で対処できなくなった場合には専門家に相談することも重要であることを説明することとしました。さらに，授業の影響を受けて気分が悪くなる等の生徒がいた場合を考え，そうした場合にはすぐに伝えてほしい旨の伝達を行います。なお，全体を通して，テーマ間のブレイクやワークシート作業のリフレッシュ等の形で要所要所にリラクゼーション（身体ほぐしなど）を行うこととし，思考や気分がはまりこまないよう工夫を行うこととしました。

❷　CO版プログラムの実施マニュアル

　CO版プログラムの実施マニュアルを，セッション毎（各50分）に示します（表3-2～3-5）。なお，「学習内容」左欄(1)～(4)はテーマ内容を示しています。

表3-2　CO版プログラムの実施マニュアル【第1回】

	学習内容	学習の流れ／指示・すすめ方	留意点など
(1) うつについて知る（うつの心理教育）	うつとはなんだろう？（導入：10分）	▼本授業では「うつ」を扱うことを伝える。 ・「うつ」とはなんだろう。 ・自分が思ううつのイメージをまとめてみよう。 ▼何人かの生徒に答えさせる。	＊プリントに記入させる。 ＊生徒の回答を板書する。
	うつについて知る（展開1：10分）	▼うつの症状について，生徒から出たイメージを適宜参照しながら説明する。この際，「こころ（感情）」「考え（思考）」「からだ（身体）」「行動」の4つのカテゴリーに分け，うつの症状を紹介する。 ▼「落ち込み」と「うつ」の違いを説明する。	＊板書しながら，プリントに記入させる。
	落ち込みからうつになるプロセスについて知る	▼落ち込みがうつになるプロセスを解説する。 ・落ち込みを持続・悪化させないようにすれば，うつに	＊板書しながら，プリントに記入させる。

第3章 「うつ予防心理教育プログラム」の実践①

	（展開2-1：5分）	はならない。 ・うつは，「予防」できるものである。	
	うつになるきっかけと，予防法 （展開2-2：5分）	▼落ち込みを持続・悪化させるもの＝うつのきっかけを3つ紹介する。 ▼それぞれに対応するスキルを紹介する。 ①自分の気持ちと考えに気づく ②考え方のクセを変える ③考え込まないようにする ▼それらを実践することで，うつが予防できることを伝える。	＊板書しながら，プリントに記入させる。
（2）自分の気持ちと考えに気づく（うつ予防スキル①）	スキル①の導入 （導入：－）	▼先ほど紹介したうつ予防スキル①「自分の気持ちと考えに気づく」を扱うことを伝える。	＊テーマを板書し，プリントに記入させる。
	気持ち・考え・行動のつながり （導入：10分）	▼気持ち・考え・行動のつながりを説明する。	＊板書しながら，プリントに記入させる。 ＊例をあげながら説明する。
	気持ち・考え・行動を拾う （展開1-1：10分）	▼架空の状況を提示。 ▼その状況に置かれた時の，自分の気持ち・考え・行動を拾うワークを行う。 ▼机間巡視する。 ▼生徒の記入内容を見ながら，適宜アドバイス／コメントする。 ▼何人かの生徒をあて，回答させる。適宜，生徒の回答について感じたことをフィードバックする。 ▼同じ状況でも回答が異なることを共有する。	＊プリントに記入させる。 ＊気持ちについては表現が難しいため，表情やからだの状態など，いろいろな側面から記入させる。 ＊生徒の回答を板書する。
	本時のまとめ （まとめ：－）	▼本時のまとめ ・うつは予防できることを確認。 ・自分自身の気持ちや考えにアンテナをはり，その状態にひとりひとりが気を配ることが大切。	

表3-3　CO版プログラムの実施マニュアル【第2回】

	学習内容	学習の流れ／指示・すすめ方	留意点など
（2）自分の気持ちと考えに気づく（うつ予防スキル①）	前回の復習／気持ち・考え・行動を拾う （展開1-2：20分）	▼前回の内容を振り返る。 ▼2つの架空の状況を提示。その状況に置かれた時の，自分の気持ち・考え・行動を拾うワークを行う。 ▼机間巡視し，生徒の記入内容を見ながら，適宜アドバイス／コメントする。 ▼何人かの生徒をあて，回答させる。適宜，生徒の回答について感じたことをフィードバックしたり，どうしてそのように回答したのかなどについて内容を深める。 ▼同じ状況でも回答が異なることを共有する。	＊プリントに記入させる。 ＊生徒の回答を板書する。
	スキル①のまとめと補足 （まとめ：5分）	▼まとめ ・感じることや思うことは人それぞれであり，だからこそうつのきっかけも人それぞれ。 ・自分自身の気持ちや考えにアンテナをはり，その状態にひとりひとりが気を配ることが大切。	＊プリントに記入させる。

35

		・自分の気持ちや考えに気づく＝自分の状態について振り返ることを日常的に実践してみよう。▼筋弛緩法（リラクゼーション）を行う。	
(3) 考え方のクセを変える（うつ予防スキル②）	スキル②の導入（導入：－）	▼本授業ではうつ予防スキル②「考え方のクセを変える」を扱うことを伝える。	＊テーマを板書し，プリントに記入させる。
	考え方のクセを知る（展開1-1：15分）	▼考え方のクセを紹介する。・今回の授業では5つのクセを紹介する。1）白黒思考　　2）部分焦点化3）極端な一般化　4）自己関連付け5）根拠のない決めつけ・自分自身に多いものがあればチェックをする。・自分にやりがちなクセがなければ，普段から落ち込みを悪化させないような考え方ができているということ。ただし，ストレスがかかるとクセが出始めることもあるので，紹介したクセを頭の隅に残しておいてほしい。	＊板書しながら，プリントに記入させる。
	考え方のクセに気づく（展開1-2：10分）	▼架空事例における3つの考えをとりあげる。▼机間巡視する。▼生徒の記入内容を見ながら，適宜アドバイス／コメントする。▼何人かの生徒に答えさせる。適宜，どのようなところからそのクセを選んだかを尋ね，クセの特徴を共有する。	＊プリントに記入させる。＊生徒の回答を板書する。
	スキル②の途中までのまとめ（まとめ：－）	▼本時のまとめ・5つの考え方のクセを確認。・まずは，自分がやりがちな考え方のクセを把握することが大切。	

表3-4　CO版プログラムの実施マニュアル【第3回】

	学習内容	学習の流れ／指示・すすめ方	留意点など
(3) 考え方のクセを変える（うつ予防スキル②）	前回の復習／考え方のクセのヒントを元に，考え方を変える（展開2：25分）	▼前回の内容を振り返る。▼紹介した5つの考え方のクセのそれぞれについて，そのクセから抜け出すヒントを紹介する。▼紹介したヒントを元に，どのように考え方が変えられそうか，考えてもらう。▼何人かの生徒に答えさせる。適宜，生徒の回答について触れ，どの考え方のクセが含まれていると考えたのか，そしてそれをどのように変えたのか等，内容について深めながら共有をする。	＊プリントを見ながら解説及び記入をさせる。＊生徒の回答を板書する。
	気持ち・考えを拾い，考え方を変える（展開3：20分）	▼架空の状況における気持ち・考えを拾う（スキル①の復習もかねて）。▼その考えにおけるクセを探し，ヒントを使って考え方を変える練習をする。▼何人かの生徒に答えさせる。適宜，生徒の回答について触れ，どの考え方のクセが含まれていると考えたのか，そしてそれをどのように変えたのか等，内容について深めながら共有をする。	＊プリントに記入させる。＊生徒の回答を板書する。

第3章　「うつ予防心理教育プログラム」の実践①

	学習内容	学習の流れ／指示・すすめ方	留意点など
		▼考え方を変えたことによって気分も変わることを共有する。 ▼ポジティブにもネガティブにもとれる事例なので，クセがなかった場合にはそれでいい旨伝える。	
	スキル②のまとめ （まとめ：5分）	▼まとめ ・考え方のクセを変えると気持ちが変わることを再度確認。 ・考え方のクセが出やすい人もそうでない人も，本授業で紹介した考え方のクセを頭に置いておき，クセが出てきた時にはヒントを使ってそこから抜け出す実践をしてみよう。 ▼筋弛緩法（リラクゼーション）を行う。 ▼気分が悪くなった人がいれば，講師や担任に遠慮なく伝えてほしい旨伝える。	

表3-5　CO版プログラムの実施マニュアル【第4回】

	学習内容	学習の流れ／指示・すすめ方	留意点など
(4) 考え込まないようにする（うつ予防スキル③）	前回の復習／本時の内容 （導入：－）	▼前回の内容を振り返る。 ▼本授業ではうつ予防スキル③「考え込まないようにする」を扱うことを伝える。	＊テーマを板書し，プリントに記入させる。
	自分が持っている考え込まない方法 （展開1-1：10分）	▼自分自身が普段実践している気晴らし法（＝考え込まないための方法）を整理する。 ▼何人かの生徒に答えさせる。 ・自分の気晴らし法にはどんなものがあるだろう？ ・周囲の気晴らし法にはどんなものがあるだろう？	＊プリントに記入させる。 ＊生徒の回答を板書する。
	考え込まない方法の紹介 （展開1-2：5分）	▼考え込まないための方法を4つ紹介する。 ・自分に適していると思ったものは，日常生活で実践してみよう。 ▼自分に適した気晴らし法を知っておき，考え込んでしまった時に実践することがうつ予防に有効であることを伝える。	＊板書しながら，プリントに記入させる。
	考え込まない方法の実践：リラクゼーション （展開2-1：10分）	▼考え込まないための方法で紹介した「何かに集中する」を実践する。 ▼リラクゼーション：呼吸法について解説後，5分ほど実際に体験させる。 ▼リラクゼーション中，ネガティブな考えは浮かばなかったかについて，評価させる。	＊プリントに記入させる。
	考え込まない方法の実践：クイズ （展開2-2：15分）	▼考え込まないための方法で紹介した「何かに集中する」を実践する。 ▼クイズ：「4つの数字で10をつくる」を実施させる。 ▼クイズを実践中，ネガティブな考えは浮かばなかったかについて，評価させる。	＊プリントに記入させる。
	本時のまとめと，全体の振り返り （まとめ：10分）	▼本時のまとめ ・自分に適している気晴らし法をストックし，今後も実践しよう。	

▼全体の振り返り ▼最後に… ・授業で紹介した3つの予防スキルを日常的に実践したり，頭の隅にとどめてうつを予防しよう。 ・ただし，自分で対処できないような落ち込みなどがあった場合はすぐ保健の先生やSCなどに相談しよう。	＊板書しながら，プリントに記入させる。
▼筋弛緩法（リラクゼーション）を行う。 ▼振り返りシートに記入させる。 ▼気分が悪くなった人がいれば，講師や担任に遠慮なく伝えてほしい旨伝える。	＊振り返りシートを配布する。

2 CO版プログラムの実施例

　ここでは，先ほど示したCO版心理教育プログラムのマニュアルを実際にどのように活用し授業として進行させていくかについて，実施者となる者が具体的に想定しやすいよう，これまでの複数の実践を元に再構成した実施例を示すこととしました。実施者のことばかけや対象者の発話など，プログラム内でのやりとりを具体的に提示している先行研究は非常に少ないですが，プログラムの今後の実践や普及を考えた場合，概要や流れが記載された指導案だけでなく，具体的な実施例があることは，実施者のスムーズな授業イメージの構築，実施に向けての準備等に，非常に重要であると考えられます（なお実践の効果については巻末の資料2をご参照ください）。

◼ 第1回授業

①第1回授業の要点
　第1回の介入要素は，「（うつの）心理教育」と「感情と思考の関連」です。
　「（うつの）心理教育」では，"うつについて知る"をテーマにし，生徒に実際のうつの症状等についての正しい知識を得てもらうこと，そしてうつは予防できるものであるということを理解してもらうことを目標としています。この際，正しい情報が生徒に印象付けられるようにすること，そして「ポイントを押さえればうつは防ぐことができる」と生徒に気づかせることが重要になります。
　また，「感情と認知の関連」では，"自分の気持ちと考えに気づく"をテーマとし，第2回途中までを通して，感情や思考をアウトプットしていく方法を生徒に理解してもらうことはもちろん，それを行うことで自身の状態をモニタリングできること，また感情や思考は人それぞれであるために自身の状態を自分自身が日常的に把握しておくことの重要性を理解してもらうことが目標となっています。第1回の時点では，自身の感情や思考につい

第3章 「うつ予防心理教育プログラム」の実践①

て振り返る作業に慣れてもらうこと，またその回答をシェアすることで「回答は人それぞれである」ことに気づかせることが重要になります。

②第1回授業の実施例

　以下に，第1回授業の実施例を示します（表3-6）（pp. 118-122のワークシートも参照）。なお，表中のイラストはワークシートの一部です（以降の回も同様）。

表3-6　CO版プログラムの実施例【第1回】

	学習内容	学習の流れ／指示・すすめ方
(1) うつについて知る（うつの心理教育）	うつとはなんだろう？ （導入：10分）	▼本授業では「うつ」を扱うことを伝える。 [講師] 今回の授業のテーマは「うつ」です。みなさんと一緒に，うつとはどういうものなのか，どう対処すればいいのか，考えていければと思っています。 　まず，そもそもみなさんは「うつ」を知っていますか？ TVやネットで見聞きしたことがある人も多いと思いますが，どのようなイメージがあるでしょうか。今日の授業では初めに，今の時点でみなさんが「うつ」について知っていることや，「うつ」になるとこういう風になるのではないかというイメージについて，聞いてみたいと思います。これからプリントを配りますので，うめてみてください。 【プリント配布】【机間巡視】 ▼何人かの生徒に答えさせる。 [講師] では，何人かの人にどのようなことを書いたのか教えてもらいましょう。みなさんどんなことを書きましたか？【生徒をあてる（※自発的な発言があればそれを拾う，なければ列などであてる）】 [生徒] 気分が落ち込んで，やる気がなくなるイメージがあります。 [講師] なるほど，そうですね，これはまさにうつを代表するイメージかもしれないですね。【板書】 [生徒] 眠れなくなる…？睡眠障害みたいな。 [講師] うんうん，そうだね，これもよくTVなどで聞くかもしれません。【板書】 [生徒] 暗い。 [講師] それは，暗いイメージかな？それとも暗くなるってことかな。 [生徒] …両方？ [講師] なるほど。イメージ的に暗いし，うつだと気分が暗くなる，ということだね。【板書】 [生徒] プラス思考ができない。マイナス思考になっちゃう。 [講師] ああ，なるほど，考えがネガティブになるということですね。【板書】 （※以降，ある程度回答のバリエーションが出るまであて，板書する）
	うつについて知る （展開1：10分）	▼うつの症状について，生徒から出たイメージを適宜参照しながら説明する。この際，「こころ（感情）」「考え（思考）」「からだ（身体）」「行動」の4つのカテゴリーに分け，うつの症状を紹介する。 [講師] はい，ありがとうございました。みなさんから「うつ」についてたくさんのイメージを出してもらいました。今，みなさんが答えてくださったものは，これからやる「うつ」のイメージや「うつ」そのものにとてもあてはまっていると思います。では，本当の「うつ」ってどういうものなのか，みなさんから出していただいた意見とも照らし合わせながら説明していきたいと思います。 　今回は，「うつ」について，「こころ・気持ちの症状」「考えの症状」「からだの症状」「行動の症状」の4つの側面に分けて説明していきます。プリントをうめ

39

ながら聞いてください。【以降，下線部を板書】

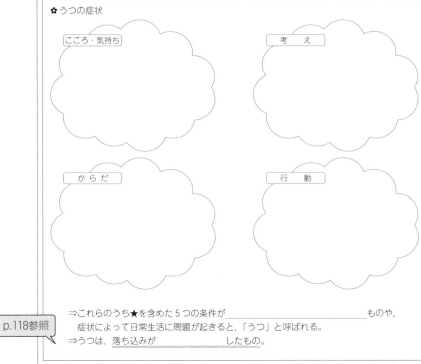

✿うつの症状

こころ・気持ち　　　考　え

からだ　　　行　動

p.118参照

⇒これらのうち★を含めた5つの条件が　　　　　　　　　　　　ものや，
　症状によって日常生活に問題が起きると，「うつ」と呼ばれる。
⇒うつは，落ち込みが　　　　　　　したもの。

　まずは，「こころ・気持ち」の症状です。これには，うつを代表するといってもいいでしょう，「抑うつ気分（★）」があげられます。先ほどみなさんがあげてくれた，"気分の落ち込み"のことです。"暗い"イメージ，と言ってくれた人もいましたが，この抑うつ気分はまさにそのイメージかもしれません。また，「楽しくない・興味がわかない（★）」という症状もあります。うちこんでいた趣味や好きだったことが楽しくなくなったり，そこに関心がいかなくなるわけです。また，「やる気が出ない」というのもあります。これも，どなたかあげてくれてましたね。そして，これは出ませんでしたが，「イライラする」「焦り」という症状もあります。気分が落ちるだけではなくて，イライラしたりそわそわしたりということもうつにはあるわけです。

　次に，「考え」の症状。先ほど，"マイナス思考になる"というのをあげてくれた人がいましたが，まさにその通りで，うつになると，マイナスなこと，ネガティブなことを過剰に考えてしまうようになります。具体的にどのようにネガティブになるかというと，例えば，「私には価値がない」や「全部私が悪い」などがあげられます。また，そのようにマイナスに考えすぎる一方で，逆に「考えることができない」ということが起こることもあります。思考が停止してしまうんですね。そして，そういうことを繰り返しながら，考えがついに「死にたくなる」というところにまで行き着くこともあります。

　そして，今度は「からだ」の症状。これは先ほどどなたかが言ってくれました，「眠れない」という睡眠の問題が出ます。具体的には，寝つけない，眠りが浅い，朝起きられないといったものがあります。また，これは出ませんでしたが，「食べたくない」という食欲の問題も出ることがあります。実際に「体重低下」が起きる人もいます。なお，睡眠と食欲については逆に寝すぎたり過食をしたりという人もいるので，「睡眠の障害」「食欲の障害」という風に書いてくださってもOKです。そして，このほかにも，「だるい」「頭痛」「肩こり」「腹痛」といった

症状もあります。一見うつの症状のようには見えませんが，特に年齢が低いほど，このからだの症状がより出やすいともいわれています。

最後に，「行動」の症状です。「行動」の症状はどちらかというと気持ちや考えの症状などが起きてくることによって二次的に出てくるものが多いですが，例えば，みなさんくらいの年であれば，「授業の内容が頭に入らない」「成績低下」「不登校」などがあげられます。

▼「落ち込み」と「うつ」の違いを説明する。

講師 さて。ここまでがうつの症状なのですが，ここで１つ。ざっと見ていただくとわかると思うのですが，みなさん，ここに書かれている症状を，経験したことがない人の方が少ないのではないでしょうか。例えば「気分の落ち込み」，これって友達とケンカしたりしても起きますし，悩み事があると「眠れない」「全部私が悪いと考える」こともあるでしょうし，失恋をすれば「食べたくない」ということにもなるかもしれません。そうなんです，ここに書かれている症状はすべて，何かあって気分が落ち込んだ時，凹んだ時に起こりうるものばかりなんです。であるならば，みなさん全員がうつだったのかというとそうではなくて，実は本当の「うつ」というのは，ここからさらに条件が必要になります。実際の「うつ」は，これらの症状のうち，「抑うつ気分（★）」と「楽しくない・興味がわかない（★）」の２つを含んだ，５つ以上の症状，例えば，「抑うつ気分」「興味がわかない」「やる気が出ない」「眠れない」「食欲がない」の症状があって，かつ，それらが２週間以上続いたもの，なんです。だから，ちょっと気分が落ち込んだけど寝たら治った，とか，イライラしたり眠れない日が続いたけれど週末休んだら平気になった，とか，そういうものはいわゆる「落ち込み」です。「うつ」は，その「落ち込み」が，「持続して，悪化したもの」ということができると思います。

| 落ち込みからうつになるプロセスについて知る（展開２-１：５分） | ▼落ち込みがうつになるプロセスを解説する。
講師 では，「落ち込み」が持続し，悪化して「うつ」になってしまう過程とポイントを整理します。プリントをうめながら見てくださいね。【以降，下線部を板書】【図を板書】
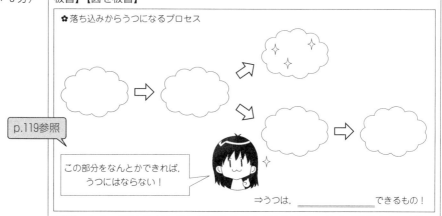
講師 まず，「落ち込む」前にはどんなことがあるでしょう？【生徒をあてる】
生徒 ケンカとか。
生徒 失敗したとか，嫌なこと。
講師 そうですね，何かつらいことがあったり，嫌なことがあったりすると，「落ち込み」につながります。しばらくこの状態が続くこともありますが，先程も言ったように，この「落ち込み」は，「元気を取り戻す」状態にいける場合があります。一方で，「落ち込みの持続と悪化」のルートをたどってしまうと，「うつ」になってしまうわけです。この，落ち込みから元気になるかそれが持続して |

悪化してしまうかの分かれ道，何がどう違うのでしょうか？

それは，「落ち込み」の後の対応にあります。落ち込んだ後，例えば，先程言ったように少し寝たり，休んでみたりする。これは，「落ち込み」に対する適切な対応です。実際に，寝たり休んだりすることで，気分が戻った経験をした方も多いのではと思います。このように，「落ち込み」が解消されるような行動をとることができれば，「元気を取り戻す」ルートに近づけます。逆に，「落ち込み」に対して適切ではない行動をとってしまうと，「落ち込み」はまったく解消されず，持続し悪化して，「うつ」につながってしまうわけです。

これは，風邪に似ています。うつも「こころの風邪」なんていわれますが，風邪も，初めは軽めの症状，例えば喉の痛みやだるさなどの症状から始まります。ここで適切に対処をすれば，例えば少し休んだり，薬を飲んだりすれば，風邪まではいかず調子が戻りますが，無茶をして適切な対処をしないと，立派な風邪になってしまう，というわけです。

つまり，この「落ち込み」に対する「適切な対処」さえとれれば，「うつ」にはならずにすむのです。そう，うつは，「予防」できるものなんです。

この授業では，みなさんにうつを予防するための方法をお教えし，実際に練習をしていきたいと思っています。自分は普段からあんまり落ち込まないし関係ないや，と思う人もいるかもしれませんが，例えば風邪でも，普段からうがいや手洗いをすることで日常的に防ぐことができますよね。うつも同じで，「落ち込み」が起きてからはもちろんですが，「落ち込み」を起こす前に日常的に対策をとることで，もしくは対策を知っていることで，よりしっかりと予防ができます。「心の風邪」をひかずに済むに越したことはありません。ぜひ一緒に，「うつ」を予防する方法を練習していければと思います。

うつになるきっかけと，予防法 （展開2-2：5分）	▼落ち込みを持続・悪化させるもの＝うつのきっかけを3つ紹介する。 【講師】では，その予防法をご紹介する前にまず，先程言った「落ち込み」に対する「適切でない対処」，つまり，「うつ」に導いてしまう，きっかけとなってしまう事柄を説明したいと思います。いろいろありますが，今回は3つご紹介します。 【以降，下線部を板書】 　まず，1つ目は，「自分の状態に気づかずに頑張ってしまう」ことがあげられます。自分が落ち込んだ状態にあって，だるかったり，つらかったりするのに，「いやいや疲れたなんて言ってられない」「つらくても頑張らないと」「まだ大丈夫」と無理をしすぎたりすると，ダメージはたまるばかりです。得てして，「うつ」の人は責任感が強く頑張り屋さんが多いともいわれています。休まなければいけない状態だということに気づかないまま走り続けて，息切れしてしまうという人も多いです。 　次に，2つ目。これは，「ネガティブなことがたくさん思い浮かんでしまう」があげられます。先程うつの症状でも紹介しましたが，前段階の落ち込み状態でも，これはよく起こります。ひとつひとつのことをネガティブにとらえがちになるということです。ちょっとしたことを悪い方ばかりに考えてしまう状態が続くと，気分もますますめいってしまい，結果的に「うつ」にまでたどり着いてしまいます。 　3つ目は，「ネガティブなことを延々と考えてしまう」です。2つ目は，ちょっとしたことでネガティブ思考をしてしまう，というようなものでしたが，これは「ネガティブ思考に浸って抜け出せなくなってしまう」ことです。1度考え始めると止まらなくなり，他のことが考えられなくなります。なかには，それで夜眠れなくなるという人もいますし，みなさんも何度か経験があるかもしれません。これを繰り返していると，どんどん泥沼にはまっていってしまいます。 ▼それぞれに対応するスキルを紹介する。 【講師】ということで，以上が落ち込みを持続・悪化させる，「うつ」のきっかけ

第3章　「うつ予防心理教育プログラム」の実践①

３つでした。逆にいえば，この３つをしないように，この３つをつぶすような適切な対処ができれば，「うつ」を予防することができる，というわけです。では具体的にどうすればよいか，きっかけのそれぞれに対応して，こちらも３つ，ご紹介します。【以降，下線部を板書】

　まず，「自分の状態に気づかずに頑張ってしまう」をつぶすスキルです。これは，「自分の気持ちと考えに気づく」になります。自分がどういう状態なのかということにアンテナをはる，ということです。どういう風に感じていて，どういう風に考えているのか，疲れていないか，つらくないか，そういうことに日頃から気を配れれば，無理をしすぎる前にストップさせることができます。この授業ではこのアンテナのはり方について，一緒に練習をしていきます。

　次に，「ネガティブなことがたくさん思い浮かんでしまう」をつぶすスキルです。これは，「考え方のクセを変える」になります。うつになると，ものの見方にネガティブなクセが出てきがちになります。自分がやりがちな考え方のクセを知っておき，それが出てきてしまった時にそのクセを変えていくことで，ネガティブなことが思い浮かんでもすぐにそれを打ち消すことができます。マイナス思考をプラス思考に，というような無理やりなやり方ではなく，それぞれのクセに合わせて，「こういう風にも考えられるのでは」と視野を広げるような変え方をしていきますので，みなさんにもぜひ実践してもらえればと思います。

　最後に，「ネガティブなことを延々と考えてしまう」をつぶすスキルです。これは，シンプルに，「考え込まないようにする」になります。"それができれば世話ないよ"と思うかもしれませんが，みなさんが普段から使っている手法の確認はもちろん，こういう方法もあるよというのをこちらから紹介していきますので，今までの方法ではうまくいかなかった人も，これならという方法が見つかるかもしれません。実際に授業中にいくつかこのスキルを実践していきますので，「考え込まない」ための方法について，一緒に体験をしていきましょう。

▼それらを実践することで，うつが予防できることを伝える。

講師　以上が，落ち込みを持続・悪化させる「うつ」のきっかけに対処するための３つの方法，つまり，うつ予防スキル３つになります。少し気分が落ち込んだ時，この３つのスキルを使えば「うつ」にならずに食い止めることができますし，日常的にこれらを意識すれば「うつ」を寄せ付けないようにもできるかと思います。３つの予防スキルをこれから一緒に練習していきますので，ぜひ覚えてもらい，また日常的にも実践をしてもらって，みなさんの「うつ」を予防していきましょう。

（※ここまででわからないことなど質問があれば，受け付ける）

(2) 自分の気持ちと考えに気づく（うつ予防スキル①）	スキル①の導入 （導入：－）	▼先ほど紹介したうつ予防スキル①「自分の気持ちと考えに気づく」を扱うことを伝える。 講師　ではさっそく，うつ予防スキルの１つ目，「自分の気持ちと考えに気づく」に入っていきましょう。【テーマを板書】【プリント配布】【以降，下線部を板書】
	気持ち・考え・行動のつながり （導入：10分）	▼気持ち・考え・行動のつながりを説明する。 講師　まずスキルの練習の前に，大事なポイントを確認します。それは，自分の気持ちと考え，そして行動は，すべてつながっているということです。【図を板書】

43

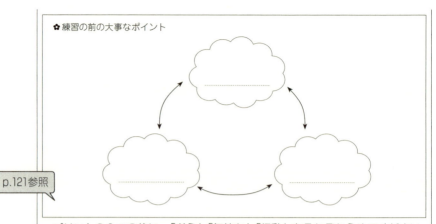

p.121参照

　プリントの3つの枠に,「考え」「気持ち」「行動」をそれぞれうめてください。
　さて,これはどういうことかというと,例えば,「33℃の快晴」という状況があったとします。この時,「夏真っ盛り！アウトドア日和！」という風に"考え"たとしたら,きっとその人の"気持ち"は「わくわく」や「楽しい」になって,"行動"は「海に遊びに行く」になるかもしれません。一方,同じ状況でも,「暑すぎる…最悪だ…」と"考え"たとしたら,その人の"気持ち"は「どんより」「暗い」になって,"行動"は「家でクーラーをつけてひきこもる」になるかもしれません。このように,考えと気持ちと行動は循環しています。ですので,例えばうつの人はネガティブに考えやすいという説明をしましたが,この考えの部分がネガティブになると,連動して気持ちもネガティブになって行動もネガティブになって…と,悪循環が形成されてしまいます。一度悪循環が起こるとなかなかそこから抜け出せなくなり,どんどん悪い方悪い方にめぐっていきます。ですので,この考えや気持ちや行動のうち,もしネガティブになりすぎているところがあればそれにいち早く気づくこと,そして悪循環が起きる前にそこから抜け出すことが,うつを予防する上では非常に大事になるのです。その「ネガティブになりすぎているところにいち早く気づく」ために重要になるのが,今回練習する「自分の気持ち,考えに気づく」スキルになります。自分の状態をちゃんと把握するということには,無理をしすぎないためというのはもちろんですが,こうした悪循環に陥らないためという重要な意味もあるのです。

| 気持ち・考え・行動を拾う
（展開1-1：10分） | ▼架空の状況を提示。
▼その状況に置かれた時の,自分の気持ち・考え・行動を拾うワークを行う。
講師　それでは,実際にみなさん自身の気持ちや考えを拾っていく練習をしたいと思います。これからある架空の状況を提示しますので,みなさんならどういう風な気持ちになり,どういう風なことを考えるか,そしてどう行動するかということを書き出してもらおうと思います。
　考えていただく状況1は,「今日は好きな人と初めて一緒に遊園地へ行く日。天気は快晴！」になります。朝,遊園地に行く前,まだ家にいると思ってください。その時の,みなさんの気持ちや考え,行動を想像して書いてみましょう。気持ちについてはばしっとことばで書くのは難しいところがあるので,色や表情,からだの状態など,書きやすいものから書いてみてください。
▼机間巡視する。
▼生徒の記入内容を見ながら,適宜アドバイス／コメントする。
▼何人かの生徒をあて,回答させる。適宜,生徒の回答について感じたことをフィードバックする。 |

第3章 「うつ予防心理教育プログラム」の実践①

✿考えと気持ち，行動を拾う練習をしてみよう。

状況1：今日は好きな人と初めて一緒に遊園地へいく日。天気は快晴！

〈気持ち〉

●色で表わすなら何色だろう？

[   ]

●表情で表わすならどんな顔だろう？
（隣の吹き出しに描いてみましょう）

○ ○ ○

●からだの状態はどうなるだろう？

[   ]

●ことばで表わすならどういうことばになるだろう？

[   ]

〈考え〉

[   ]

〈行動〉

[   ]

p.121-122参照

講師　それでは，みなさんがどんなことを書いてくれたかを少し共有したいと思います。こんなことを書いたよ，と教えてくれる人？【生徒をあてる（※自発的な発言がなければ講師が発表者を決めてあてる）】【以降，生徒の回答を板書】

生徒　はい。うめられてないところもあるけど…。

講師　いいよ，できたところだけ教えてください。

生徒　まず，気持ちは，色がピンク。顔が，目がキラキラしている感じ。からだは，わかりませんでした。ことばは，「ドキドキ」「わくわく」。考えは，「晴れてよかった！楽しみだなぁ」。行動は，「おしゃれめの服を選んで，早めに家を出る」です。

講師　いいですね！すごく上手にそれぞれを書けていると思います。からだは，ドキドキのところから，「胸が高鳴る」とかが入るかもしれないね。全体的に，すごく楽しみに，わくわくしている様子が伝わってきました。ありがとうございます。さて，ほかに教えてくれる人はいますか？

生徒　はい。自分は，気持ちが青。顔が，ガクガクしている感じの顔文字。

講師　「((((;゜Д゜)))」かな？

生徒　それです（笑）で，からだが「震えてる」で，ことばが「やばい」。考えは，「この日がきた，どうしよう」。行動は，「時間をいつもより気にする」です。

講師　なるほど，いいですね，こちらもすごく上手にそれぞれ書けていると思います。気持ちについて，ことばが「やばい」だったけど，確かに「やばい」感じは伝わってきたけれど，「緊張」や「不安」みたいなものも感じられたので，そういうことばを足してもいいかな？と思いました。時間を気にするのは，遅刻しないため？

生徒　そうです。遅れたらやばいから。

45

	講師 なるほどね，すごく真剣だね。全体的に楽しみというよりも不安がかなり優っているね（笑）。 生徒 初めてのデートだから，楽しめる余裕とかないかもなぁって（笑）。 講師 そっか，それはあるかもね，緊張はするよね。 （※以降，時間を見ながら，可能ならいろいろな回答が出るようにあて，それぞれ並べて板書する） ▼同じ状況でも回答が異なることを共有する。 講師 さて，今何人かの方に発表をしていただきました。みなさんとても上手に自分の状態について拾えていたと思います。さあこれ，黒板ざっと見てもらって，どうですか，かなりそれぞれ違うのがわかるかなと思うのですが…同じ状況なのに，とても楽しみにしている人もいれば，緊張ばかりの人もいますよね。このように，状況が同じでも反応は人それぞれになります。誰かにとっては楽しいことも，誰かにとっては不安ばかりということもあるわけで，だからこそ，ひとりひとりが自分の状態に気を配ることが大事といえます。 （※ここまででわからないことなど質問があれば，受け付ける）
本時のまとめ （まとめ：－）	▼本時のまとめ 講師 ということで，今日はここまでにしたいと思います。今日は，うつは落ち込みが持続・悪化したものであり，予防できるということをお伝えしました。また，うつ予防スキルを3つ紹介し，まず1つ目の「自分の気持ちと考えに気づく」を練習しました。 　次回も引き続き，この「自分の気持ちと考えに気づく」を練習したいと思います。

③第1回授業解説

　以上が，第1回授業の流れです。"うつについて知る"では，生徒がより興味を持ってうつについて知ることができるよう，またそれによって理解が深まるように，うつの知識についてただ伝達するだけではなく，「もともと自分が知っていた情報」「周囲が知っていた情報」と「知らなかった情報」の対比を行うなど生徒とのやりとりを中心にした情報伝達・共有を行っています。これは講師が生徒とやりとりを行うことで，初対面の生徒との関係性を軟化させる効果も狙ったものです。また，うつのプロセスについて身近な事例を用いながら図示し，またキャラクターを用いて解説することで，よりその流れが生徒に理解されやすいようにし，「うつは予防できる」ことを生徒に印象付けるように工夫しています。

　"自分の気持ちと考えに気づく"では，生徒にとって身近な事例を用いることで，生徒がワークに取り組みやすいように，また慣れることができるよう工夫を行っています。また，ただワークに取り組むだけではなく，それをクラス全体でシェアすることでいろいろな人の考え方や気持ちに触れ，「思考や感情は人それぞれである」ことに生徒自身が気づき，理解できるようになることを目指しています。なお，回答のシェアリングについては，講義形式・ワーク形式の座学授業とのメリハリをつける狙いもあります。

第3章 「うつ予防心理教育プログラム」の実践①

② 第2回授業

①第2回授業の要点

第2回の介入要素は，「感情と思考の関連」と「認知の再構成」です。

「感情と思考の関連」では，第1回に引き続き"自分の気持ちと考えに気づく"をテーマに，感情や思考をアウトプットしていく方法を生徒に理解してもらうことはもちろん，それを行うことで自身の状態をモニタリングできること，また感情や思考は人それぞれであるために自身の状態を自分自身が日常的に把握しておくことの重要性を理解してもらうことが目標となっています。第2回では，様々な状況における自身の感情や思考についてモニタリングする作業に慣れてもらうこと，またその回答を複数シェアすることで「ある状況に対する思考や感情は人それぞれである」ことに気づかせ，「自分が自分を継続的にモニタリングすることがうつ予防には大切である」と理解させることが重要になります。

また，「認知の再構成」では"考え方のクセを変える"をテーマとし，第3回までを通して，一般的な認知の歪みについて知ってもらうこと，自分自身がやりがちな認知の歪みについて把握すること，そしてそれらを変容させていく方法を生徒に理解してもらい，実際に実践できるようになること，そしてそれによって感情にも変容が起こることを知ってもらうことが目標となっています。第2回の時点では，まず認知の歪みの種類を生徒に印象付け，自身がやりがちなものはどれであるかを把握させることが重要になります。

②第2回授業の実施例

以下に，第2回授業の実施例を示します（表3-7）（pp. 122-125 のワークシートも参照）。

表3-7　CO版プログラムの実施例【第2回】

	学習内容	学習の流れ／指示・すすめ方
(2) 自分の気持ちと考えに気づく（うつ予防	前回の復習／気持ち・考え・行動を拾う （展開1-2：20分）	▼前回の内容を振り返る。 [講師] 前回は，うつの症状について説明し，うつとは落ち込みが持続・悪化したものであり，予防ができるというお話をしました。また，うつ予防スキルを3つ紹介し，さっそく1つ目の「自分の気持ちと考えに気づく」を実践しました。今日は，その続きから入りたいと思います。 ▼2つの架空の状況を提示。その状況に置かれた時の，自分の気持ち・考え・行動を拾うワークを行う。 [講師] プリントは前回の続きを使います。今日は状況2と状況3をまずやってみましょう。それぞれ，「乗りたかった乗り物が2時間待ち」と「"また一緒にようね"と言ったら"楽しかったけど，人いっぱいでちょっと疲れた"と言われた」という状況になります。前回と同様に，それぞれの状況に遭遇した際のみなさんの気持ちや考え，行動を想像して書いてみましょう。気持ちについてはことばで書くのは難しいこともあるので，色や表情，からだの状態など，書きやすいものから書いてみてください。

47

▼机間巡視し，生徒の記入内容を見ながら，適宜アドバイス／コメントする。
▼何人かの生徒をあて，回答させる。適宜，生徒の回答について感じたことをフィードバックしたり，どうしてそのように回答したのかなどについて内容を深める。

講師　それでは，みなさんがどんなことを書いてくれたかを少し共有したいと思います。まず状況2について，こんなことを書いたよ，と教えてくれる人？【生徒をあてる（※自発的な発言がなければ講師が発表者を決めてあてる）】【以降，生徒の回答を板書】

生徒　はい。まず，気持ちは，色が薄い青。顔は，普通の感じ。からだも，普通。ことばは，「普通」。考えは，「仕方ないから，別のに乗ろう」。行動は，「相手と相談して，別の乗り物に乗る」です。

講師　いいですね，すごく上手にそれぞれを書けていると思います。「普通」というのがたくさん出てきたね。

生徒　なんか，うまく表現できなかったけど，そんなに上がりも下がりもしない感じ。「無」みたいな（笑）。確かに嫌だけど，別のに乗って時間を有効活用すればいいかなって。

講師　なるほど，気持ちはニュートラルな感じだけど，行動としては前向きな感じだね，次に進むというか。いいと思います，ありがとうございました。さて，ほかに教えてくれる人はいますか？

生徒　はい。自分も，気持ちは青。顔は白目（笑）。からだが「ずーんとなる」で，ことばが「えぇー」。考えは，「なんでーマジかー」。行動は，「そこに立ち尽くす」です。

講師　なるほど，いいですね，こちらもすごく上手に書けていると思います。気持ちについて，ことばが「えぇー」だったけど，これは考えに近いかもしれない。「ショック」とかがよりぴったりくるかなと思いました。でも，「マジかー」という感じはとても伝わってきたよ（笑）。

生徒　2時間は本当長い！（笑）。ほかに行ってもいいけどほかも混んでるし…。○○に行った時かなり疲れた。

講師　人気の遊園地は本当にそれくらい待つもんね。体験談も交えての回答だったんだね，ありがとうございました。

（※以降，時間を見ながら，可能ならいろいろな回答が出るようにあて，それぞれ並べて板書する）

講師　じゃあ次に，状況3にいきましょう。発表してくれる人？【生徒をあてる（※自発的な発言がなければ講師が発表者を決めてあてる）】【以降，生徒の回答を板書】

生徒　はい。気持ちは，色が黒。顔が，しょんぼりしてる感じ。からだは「重くなる」で，ことばは「がっくり」。考えは，「疲れちゃったのか…楽しくなかったのかも，どうしよう」です。

講師　うん，すごく上手にそれぞれを書けていますね，いいですね。でも，なんかすごくショックな感じだね。

生徒　だって，1日の感想が疲れたとか…凹む（笑）。

講師　そっか，確かにね。でも遊園地って，基本的に楽しいけど疲れるかも。

生徒　まぁ，それは確かに。でも今言う？みたいな。

講師　なるほどね。ありがとうございました。では，ほかに教えてくれる人？

生徒　はい。気持ちは，色がレインボー！顔が，にこにこ。からだは「ふわふわしてる」で，ことばは「嬉しい！ハッピー！」。考えは，「向こうも楽しくてよかった！次はどこに誘おうかなぁ」で，行動は「手をつないでみる」です。

講師　うん，とても上手にそれぞれ書けてるし，とってもハッピーな様子が伝わってきた！（笑）レインボーっていいね。

第3章 「うつ予防心理教育プログラム」の実践①

		生徒 嬉しくてカラフルになっている感じ！でも，今の前の人の聞いて，疲れたって言われたら凹む人もいるんだって思った。自分は楽しかったって言われて舞い上がって単純（笑）。 講師 いや，すごくいいと思うよ。勢いで手つなげちゃうほどなのが素敵（笑）。 生徒 想像だからできる！リアルなら多分無理！（笑） 講師 （笑）そっか，でも，とっても素敵な想像だったと思うよ。 ▼同じ状況でも回答が異なることを共有する。 講師 さて，今何人かの方に発表をしていただきました。みなさんとても上手に自分の状態について拾えていたと思います。さあこれ，黒板ざっと見てもらって，どうかな，前回もそうだったけれど，かなり今回も１つの状況に対していろいろな気持ちや考えになっていることがわかると思います。"乗り物が２時間待ち"という状況でも，「次，次」と切り替える人もいれば「嫌だー」となる人もいて，そして"今日は楽しかったけど，疲れた"と言われたことに対して，"疲れた"に注目してショックを受ける人もいれば，"楽しかった"に着目してハッピーになる人もいるんですね。
	スキル①のまとめと補足 （まとめ：5分）	▼まとめ 講師 ここからわかるのは，ある状況に対して人が抱く気持ち，考えというのは，本当に人それぞれということです。なので，前回も言いましたが，誰にとっては楽しいことも，誰かにとっては不安ばかりということもあるわけで，つまり，誰かにとっては平気なことも，誰かにとってはうつのきっかけになったりもするのです。だからこそ，ひとりひとりが自分の状態に気を配ることが大事といえます。今回練習した「自分の気持ちと考えに気づく」スキルをぜひ日常的に実践して，自分の状態をしっかり把握し，うつ予防をしていただけたらと思います。 ▼筋弛緩法（リラクゼーション）を行う。 講師 ということで，以上がうつ予防スキルの１つ目になります。字をたくさん書いて疲れたと思うので，ちょっとからだをリラックスさせましょう。【リラクゼーション実施】
(3) 考え方のクセを変える（うつ予防スキル②）	スキル②の導入 （導入：－）	▼本授業ではうつ予防スキル②「考え方のクセを変える」を扱うことを伝える。 講師 では，少しリラックスしたところで次のテーマに入っていきたいと思います。うつ予防スキルの２つ目，「考え方のクセを変える」をこれからやっていきます。【テーマを板書】
	考え方のクセを知る （展開1-1：15分）	▼考え方のクセを紹介する。 講師 前回，考えと気持ちと行動はつながっているという話をしましたが，ネガティブな考えはそのつながりを悪い方に，悪循環に導くものです。ひいてはそれが「うつ」へとつながっていきます。ですので，そのネガティブな考えにいち早く気づき，クセを取り払って変えていこう，というのがこの「考え方のクセを変える」スキルになります。 　さて，ネガティブな考えには，人それぞれにやりがちなクセがあります。今回の授業ではまず，多くの人がやりがちな考え方のクセを５つ紹介しますので，自分がやりがちなものはないか，チェックをしてみてください。自分がやりがちな，ネガティブな考え方のクセを知っておくことが，この予防法の第一歩になります。【プリント配布】 講師 では，ひとつひとつ紹介していきます。今回は，「ネガティブ戦隊うつレンジャー」という，地球を絶対に任せたくない逆にワイルドなレンジャーになぞらえて紹介をしていきます。それぞれのレンジャーが，こういう場面でこういう風に考えがちである，ということを説明した上で，各レンジャーが持つ別々の考え方のクセを紹介します。みなさんは，先ほども言ったように，自分はどの考え方のクセをしがちだろうか，どのレンジャーに近いだろうかと思いながら聞いて

49

ください。それぞれの考え方のクセは板書しますので，プリントにうめていってくださいね。【以降，下線部を板書】

まず，1人目レッド。彼は，例えばこういう状況でこのように考えます。

1）
状況：決勝で惜しくも負けてしまい，準優勝。
レッドの考え：「優勝じゃなきゃ意味がないんだ！これまでのことは無駄だった…」

p.124参照

そう，自分は「白」か「黒」かでしか考えられない…。
両極端な，「間の価値をスルーするんジャー」なのだ。

「優勝じゃなければ意味がない」というところに，かたさがあります。レッドは，優勝でなければ無意味，という両極端な，「間の価値をスルーする」クセを持っているといえます。この考え方のクセを，「白」「黒」でしか考えられないということで，「白黒思考」と呼びます。白と黒の間にはいろんな濃さの灰色がありますし，優勝手前の準優勝にもとても意味があります。プロセスや間の価値を見出せなくなってしまうのが，このクセの特徴です。

2人目，ブルー。彼は，例えばこういう状況でこういう風に考えます。

2）
状況：数学に苦手意識があるブルー。試験で，国語は100点！数学は40点。
ブルーの考え：「数学40点って…やっぱり自分勉強ダメだわ…」

p.124参照

そう，自分は悪いところばかり見ていいところが見れない…。
視野が狭い，「いい面は無視するんジャー」なのだ。

数学の40点，つまり悪いところにばかり目がいってしまい，国語の100点といういいところが見えていません。このように，ブルーは自分がダメだなあ，苦手だなあと感じる悪い面ばかりしか見ず，あるかもしれない「いい面を無視してしまう」というクセを持っています。この考え方のクセを，「部分焦点化」といいます。クロール得意，平泳ぎ得意，バタフライできない，で，水泳苦手，というようなものですね。できていること，よいところに目がいかなくなってしまうのが，このクセの特徴です。

3人目，ピンク。彼女は，こういう状況でこういう風に考えます。

3）
状況：好きな人に告白してふられたピンク。
ピンクの考え：「今回ふられた。きっと次もふられる。私に恋人なんかできないんだ」

p.124参照

そう，自分は無限の可能性を信じられない…。
可能性を縮める，「また同じ結果になるんジャー」なのだ。

たった1度告白した結果が悪かっただけなのに，「もう恋人なんかできない」と思ってしまうところにピンクの考え方のクセがあります。1度のことが全部にあてはまる，次はこうなるかもしれないと可能性を信じられなくなってしまう，こんな「また同じ結果になる」と思い込むクセを，「極端な一般化」と呼びます。1度失敗したから次も必ず失敗するかといえばそうじゃないですし，もっといえば99度失敗したから次も必ず失敗するわけではありません。自分自身や出来事の可能性を自ら閉ざすような考え方をしてしまうのが，このクセの特徴です。

第3章 「うつ予防心理教育プログラム」の実践①

4人目，グリーン。彼は，こういう状況でこういう風に考えます。

> 4）
> 状況：いつも笑顔で挨拶してくれる友達が，今日は無表情で声をかけられないオーラ。
> グリーンの考え：「自分が何かしたからかな…」

p.124参照

そう，自分は何でもかんでも自分のせいだと思ってしまう…。
自分を巻き込みすぎな，「全部私のせいなんジャー」なのだ。

友達が声をかけられないオーラなのは，昨日友達とケンカしたとか，朝寝ぼけて足の小指を打ったとか，そういうことが原因かもしれません。でもそう考えられずに「自分のせいだ」と思ってしまう，そこにグリーンのクセがあります。このような，何でもかんでも自分に引き付けて「全部私のせいだ」と考えるクセを，「自己関連付け」といいます。なんだか周りの人が不機嫌だと自分が何かしたから…？とものすごく考えてしまったり，誰かがケガをしたらこれまた自分があれをしそびれたせい…？と自分の行動を振り返ってしまったり，もちろん本当に心当たりがある場合はまた話は別ですが，まったく関係ないし心当たりもないのにそう考えてしまうのが，このクセの特徴です。

最後に5人目，イエロー。彼はこういう状況でこういう風に考えます。

> 5）
> （ある日）
> 状況：すれ違ったのに，先輩が声をかけてくれなかった。
> イエローの考え：「嫌われてる…！！」
> （またある日）
> 状況：明日は遊園地でデート。
> イエローの考え：「すっぽかされるかも。ふられるかも。うまくいかないんだろうな…」

p.125参照

そう，自分は"なんとなく"ネガティブに考える…。
根拠に乏しい，「思い込んじゃうんジャー」なのだ。

1つ目も2つ目も，特に根拠はないのに悪い方悪い方に考えていますが，ここにイエローの考え方のクセがあります。声をかけてくれなかったのは単に気づかなかったからかもしれないですし，ちゃんと約束しているのだからよほどのことがなければすっぽかされる可能性の方が低いといえます。なのに，なんとなくネガティブに考えてしまう，悪い方に「思い込んでしまう」，そういう考え方のクセを「根拠のない決めつけ」と呼びます。この「根拠のない決めつけ」には種類があり，1つ目のように「あの人はこう思っている」と勝手に人の気持ちや心の内を読んでしまうような決めつけを「読心術」，2つ目のように「明日はこうなる」「うまくいかない」と勝手に未来のことを読むような決めつけを「予言」といいます。いずれも，確固たる根拠なしに「こうなるんだ」と信じ込んでしまうというところが特徴といえます。

講師　さて，以上5人のうつレンジャーと5つの考え方のクセを紹介しました。これらのどれもが，落ち込みを悪化させるものです。自分自身がやりがちなクセはありましたか？あったよーという人は，プリントの横に何かチェックをつけておいてください。自分に多いクセを知っておけば，仮に落ち込んでネガティブな考え方をしがちになっても，「あ，またやってしまっている」といち早く気づくことができます。気づくことができれば，それを変えることもしやすくなります。今日いくつか見つけた人は，ぜひ覚えておいてください。

逆に，1つもなかった，という人もいるかもしれません。その人は，普段から落ち込みを悪化させないような，クセのない考え方ができているということだと

51

		思います。ただし，重めのストレスがかかると普段は出ないクセが出始めることもあるので，紹介したクセを頭の隅に置いておき，もし出てきた時には気づけるようにしてほしいと思います。
	考え方のクセに気づく （展開1-2：10分）	▼架空事例における3つの考えをとりあげる。 講師 ということで，ここまでざっと説明してきましたが，紹介されるだけだとなかなか頭に入らないこともありますよね。ということで，みなさんにクセのバリエーションを消化してもらうために，今から3つ，状況を提示します。その3つの状況は，先ほど紹介した5つの考え方のクセのうちのどれかにあてはまっていますので，みなさんにはそれぞれどのクセが入っているかということを考えてもらいたいと思います。 ▼机間巡視する。 ▼生徒の記入内容を見ながら，適宜アドバイス／コメントする。 ▼何人かの生徒に答えさせる。適宜，どのようなところからそのクセを選んだかを尋ね，クセの特徴を共有する。 講師 それでは，何人かの人にどうあてはめたか教えてもらいましょう。まず1つ目，教えてください。【生徒をあてる（※列などで発表者を決めてあてる）】【生徒の回答を板書】 ●状況1：試験前。 　考え：「絶対うまくいきっこない」 　　　　　　　　　　　　　　　　　　　　　　（p.125参照） 　＝当てはまる考え方のクセ： 生徒 はい。「根拠のない決めつけ」にしました。 講師 どういうところからそれを選んだかな？ 生徒 試験は始まってないのに，うまくいかないって決めてるところ。「予言」？ 講師 なるほど，いいですね，確かに根拠なく決めつけています。「根拠のない決めつけ」の「予言」があてはまりますね。 生徒 先生，自分は「極端な一般化」にしました。 講師 どういうところからそのクセにしたの？ 生徒 いつもうまくいかないから，今回も，っていう感じで。 講師 なるほどね，この状況前後の情報がここには載っていないけど，そういう流れがあれば確かに「極端な一般化」もあてはまるかもしれないね。いいと思います。（※他の回答があれば，確認する） 講師 では，2つ目教えてください。【生徒をあてる】【生徒の回答を板書】 ●状況2：試験後。10問中，2問解けない問題があった。 　考え：「2問もわからなかった。 　　　　　もうこれはダメだわ」 　　　　　　　　　　　　　　　　　　　　　　（p.125参照） 　＝当てはまる考え方のクセ： 生徒 はい。「部分焦点化」だと思いました。 講師 どういうところからそれを選んだかな？ 生徒 8問はできてるのに，解けなかった2問にばかり注目しているあたりです。 講師 なるほど，いいですね，その通りです。10問中8問もできているということについては目をやらず，2問できなかったという悪い面ばかり見ています。「部分焦点化」があてはまりますね。（※他の回答があれば，確認する）

第3章 「うつ予防心理教育プログラム」の実践①

	講師 では，3つ目教えてください。【生徒をあてる】【生徒の回答を板書】
	●状況3：試験返却後。80点を獲得。 考え：「100点じゃなきゃ意味ないのにっ！ ひどい点数とっちゃった…」 p.125参照 ＝当てはまる考え方のクセ：
	生徒 はい。「白黒思考」かなと思いました。 講師 どういうところからそれを選んだかな？ 生徒 100点じゃなきゃ意味がない，というところ。80点でも十分いい点だし！ （笑）そんなにとれない（笑）。 講師 なるほど，確かに80点はいい点数だよね（笑）。それをとれているのに100点じゃなければ意味がない，と極端な考え方をしています。このクセは「白黒思考」にあてはまりますね。（※他の回答があれば，確認する）
スキル②の途中までのまとめ （まとめ：－）	▼本時のまとめ 講師 ということで，今日はここまでにしたいと思います。今日は，「自分の気持ちと考えに気づく」スキルの復習の後，「白黒思考」「部分焦点化」「極端な一般化」「自己関連付け」「根拠のない決めつけ（読心術・予言）」の5つの考え方のクセを紹介しました。まずは，自分がやりがちな考え方のクセを把握することが大切ですので，どうぞ覚えておいてください。次回はこのクセを元に，それらを「変える」という2つ目の予防スキルの実践を行います。

③第2回授業解説

　以上が，第2回授業の流れです。"自分の気持ちと考えに気づく"では，第1回と同様に，生徒にとって身近な事例を用いることで，生徒がワークに取り組みやすいように，また慣れることができるよう工夫を行っています。また，ただワークに取り組むだけではなく，それをクラス全体でシェアすることでいろいろな人の考え方や気持ちに触れ，「様々な状況に対する思考や感情は人それぞれである」ことに生徒自身が気づき，理解できるようになることを目指しています。さらに，「人それぞれである」ということは，誰かにとってはなんでもないことが自分にとっては大変なことである場合もあるということであり，自分が自分の状態についてしっかりと把握をしておくことが重要である旨を，まとめとして生徒に伝えています。

　"考え方のクセを変える"では，まずは認知の歪みを生徒たちに紹介し，自分にやりがちなものはないか把握させています。その際，生徒の印象には残らないような講義形式の知識の伝達にならないよう，キャラクターを用いた説明やクイズなどを通して生徒が興味を持って取り組めるよう工夫を行っています。

3 第3回授業

①第3回授業の要点

　第3回の介入要素は，「認知の再構成」です。第2回に引き続き"考え方のクセを変える"をテーマに，第2回で紹介した認知の歪みをベースにしながら，それらを変容させる方法について生徒に理解してもらい，実際に実践できるようになること，そしてそれによって感情にも変容が起こることを知ってもらうことが目標となっています。第3回では，認知の再構成を行うコツについて生徒に理解させ，実際に再構成を体験させることでそれに慣れさせること，またその結果，思考だけではなく「感情も変容する」ことを理解させることが重要になります。

②第3回授業の実施例

　以下に，第3回授業の実施例を示します（表3-8）（pp. 126-129のワークシートも参照）。

表3-8　CO版プログラムの実施例【第3回】

	学習内容	学習の流れ／指示・すすめ方
(3) 考え方のクセを変える（うつ予防スキル②）	前回の復習／考え方のクセのヒントを元に，考え方を変える（展開2：25分）	▼前回の内容を振り返る。 [講師]　前回は，うつ予防スキルの1つ目「自分の気持ちと考えに気づく」の復習をした後に，うつ予防スキルの2つ目「考え方のクセを変える」に入り，まず5つの考え方のクセを紹介して，自分がやりがちなクセを探してもらいました。今日は，その5つのクセを元に，実際に「考え方のクセを変える」の実践をしたいと思います。【プリント配布】 ▼紹介した5つの考え方のクセのそれぞれについて，そのクセから抜け出すヒントを紹介する。 [講師]　お配りしたプリントに，前回と同じ，ネガティブ戦隊うつレンジャーの考えを載せてありますが，今回はそれぞれの考え方のクセを変えていくためのヒントも一緒に載せました。今日はまず，そのヒントをみなさんと確認していきたいと思います。プリントを見てみてください。 　まず，レッドの考え方のクセ，「白黒思考」を変えるためのヒント。白黒思考は，両極端で，間の価値をスルーしてしまうというところが特徴でした。ですので，変えていくポイントはその部分にあります。つまり，極端ではない，間の価値も大事に拾い上げるような考え方に変えていければいいのです。これが，白黒思考を変えていくヒント・視点になります。 1）　[白黒思考]をしてしまう。**両極端な「間の価値をスルーするんジャー」** 状況：決勝で惜しくも負けてしまい，準優勝。 レッドの考え：「優勝じゃなきゃ意味がないんだ！これまでのことは無駄だった…」 極端じゃない，「間も大事にする」考えに変えればいい。 [p.126参照] →

第3章　「うつ予防心理教育プログラム」の実践①

次に，ブルーの考え方のクセ，「部分焦点化」を変えるためのヒント。部分焦点化は，悪いところばかり見てしまうような視野の狭さがあり，いい面を無視してしまうというところが特徴でした。ですので，変えていくポイントはその部分にあります。つまり，視野を広く持ち，いい面もちゃんと見出していくような考え方に変えていければいいのです。これが，部分焦点化を変えていくヒント・視点になります。

2）部分焦点化をしてしまう，視野が狭い「いい面は無視するんジャー」

状況：数学に苦手意識があるブルー。試験で，国語は100点！数学は40点。
ブルーの考え：「数学40点って…やっぱり自分勉強ダメだわ…」

視野の広い，「いい面をちゃんと見つける」考えに変えればいい。

p.126参照 ➡

次に，ピンクの考え方のクセ，「極端な一般化」を変えるためのヒント。極端な一般化は，今後の可能性を自ら縮めてしまうような，「どうせまた同じだ」というような考えになってしまうところが特徴でした。ですので，変えていくポイントはその部分にあります。つまり，どうなるかわからないと可能性を広く持つ，「今度は違うかもしれない」「まだわからない」というような考え方に変えていければいいのです。これが，極端な一般化を変えていくヒント・視点になります。

3）極端な一般化をしてしまう，可能性を縮める「また同じ結果になるんジャー」

状況：好きな人に告白してふられたピンク。
ピンクの考え：「今回ふられた。きっと次もふられる。私に恋人なんかできないんだ」

 可能性を広げる，「今度は違うかも」という考えに変えればいい。

p.126参照 ➡

次に，グリーンの考え方のクセ，「自己関連付け」を変えるためのヒント。自己関連付けは，いろんなことに自分を巻き込んでしまうというところが特徴でした。ですので，変えていくポイントはその部分にあります。つまり，自分を巻き込まず，関連付けずに，「自分以外に理由があるかもしれない」「他に理由があるかもしれない」というような考え方に変えていければいいのです。これが，自己関連付けを変えていくヒント・視点になります。

4）自己関連付けをしてしまう，自分を巻き込みすぎな「全部私のせいなんジャー」

状況：いつも笑顔で挨拶してくれる友達が，今日は無表情で声をかけられないオーラ。
グリーンの考え：「自分が何かしたからかな……」

 自分を巻き込まず，「自分以外に理由があるかも」という考えに変えればいい。

p.127参照 ➡

最後に，イエローの考え方のクセ，「根拠のない決めつけ」を変えるためのヒント。根拠のない決めつけは，相手の考えや未来について，根拠はそれほどないにもかかわらず「こうだ」「こうなる」と決めつけて思い込んでしまうというところが特徴でした。ですので，変えていくポイントはその部分にあります。つま

り，根拠がないんだということを意識し，「こうかもしれない」「こうなるかもしれない」と別の可能性を見出していくような考え方に変えていければいいのです。これが，根拠のない決めつけを変えていくヒント・視点になります。

5） 根拠のない決めつけ をしてしまう，根拠に乏しい「思い込んじゃうんジャー」
〈読心術〉

状況：すれ違ったのに，先輩が声をかけてくれなかった。
イエローの考え：「嫌われてる…！！」

 根拠がない事に気づき，「別の可能性があるかも」という考えに変えればいい。

➡ [　　　　　　　　　　　　　　　　　　　　　　　　　]

〈予言〉

状況：明日は遊園地でデート。
イエローの考え：「すっぽかされるかも。ふられるかも。うまくいかないんだろうな…」

 根拠がない事に気づき，「別の可能性があるかも」という考えに変えればいい。

p.127参照 ➡ [　　　　　　　　　　　　　　　　　　　　　　　　　]

▼紹介したヒントを元に，どのように考え方が変えられそうか，考えてもらう。
講師 ということで，ここまでが，それぞれの考え方のクセを変えるためのヒントでした。それでは今から，実際に，これらのヒントを参考にして，みなさんに各レンジャーの考え方のクセを変えていってもらおうと思います。ただ楽観的に考える，というだけでは，なかなかネガティブ思考は変えられません。そうではなく，これらの考え方のクセの特徴を踏まえて思考を変えることで，より自分もしっくりくる，現実的な考えになっていきます。では，練習してみましょう。
▼何人かの生徒に答えさせる。適宜，生徒の回答について触れ，どの考え方のクセが含まれていると考えたのか，そしてそれをどのように変えたのか等，内容について深めながら共有をする。
講師 それでは，何人かの人にどうあてはめたか教えてもらいましょう。まずレッドの白黒思考，どのように変えたか教えてください。【生徒をあてる（※列などで発表者を決めてあてる）】【以降，生徒の回答を板書】
生徒 はい。「準優勝でも十分すごい。今までのことがあってここまでこれた」にしました。
講師 なるほど，いいですね。どのあたりに注目して変えましたか？
生徒 優勝じゃなきゃ意味がない，というところが極端だから，そこを，準優勝でも意味がある，という風にしました。
講師 うん，いいね，優勝か優勝じゃないかではなく，間の準優勝の価値を拾い上げてくれたんだね。後半の，「今までのことがあってここまでこれた」というのも，「これまでのことは無駄だった」という極端な考えをやわらげて価値を見出していて，すごくいいなと思いました。ありがとうございました。では，もう1人聞いてみようかな。
生徒 はい。「準優勝も悪くない。次は優勝を目指すぞ！」
講師 なるほど，いいですね。どのあたりに注目して変えましたか？
生徒 やっぱり，その準優勝も意味があるっていうところですね。あと，今回だけじゃないしっていう。
講師 なるほどね，とても的確だし，後半の「次も頑張ろう」っていう前向きさ

第3章 「うつ予防心理教育プログラム」の実践①

もすごくいいね。2人とも，とても上手に考え方のクセを変えられていると思います。ありがとうございました。

講師 では次に，ブルーの部分焦点化をどのように変えたか教えてください。

生徒 はい。「国語は満点だし，自分すごい！次は数学をもっと頑張る」にしました。

講師 なるほど，いいですね。どのあたりに注目して変えましたか？

生徒 やっぱり，国語が満点てすごいと思うから，そこは自分で自分をほめればいいかなって（笑）。

講師 うん，いいね，その通りだと思います。納得がいかなかった数学の点数だけでなく，すごくよかった国語について評価して，ほめたんだね。後半，数学を諦めるわけじゃなくて次頑張ろうって思っているのもすごく前向きでいいなと思いました。ありがとうございました。（※時間を見て，もう何人か聞く）

講師 では次に，ピンクの極端な一般化をどのように変えたか教えてください。

生徒 はい。「次がある！きっともっと素敵な人がいる！」にしました。

講師 なるほど，いいですね。どのあたりに注目して変えましたか？

生徒 今回はダメだったけど，次がある，っていうか，むしろもっといい人見つけてやる！っていう気合い（笑）。

講師 うん，いいね，今後に向けて，閉じるんじゃなく開けるような前向きな考えだね。

生徒 すぐは無理かもだけど，ずっと引きずるよりそう思って行動した方が絶対いい。

講師 そうだね，極端な一般化の考え方だと何も変わらないからね。クセを変えれば，考えだけじゃなく，行動も前向きになってくるかもしれないもんね。ありがとうございました。（※時間を見て，もう何人か聞く）

講師 では次に，グリーンの自己関連付けをどのように変えたか教えてください。

生徒 はい。「何かあったのかな。あとで話を聞いてみよう」にしました。

講師 なるほど，いいですね。どのあたりに注目して変えましたか？

生徒 自分が何かしたとかじゃなく，何かあったのかもしれないって思うようにする感じです。

講師 うん，いいね，自分を巻き込まずに状況を見てみるということですね。実際に自分に心当たりがあったら別だけどね（笑）。そして後半，考えるだけじゃなくて後で話を聞くという具体的な動きが出ていていいなと思いました。ありがとうございました。（※時間を見て，もう何人か聞く）

講師 では最後に，イエローの根拠のない決めつけをどのように変えたか教えてください。

生徒 はい。読心術の方が「急いでて気づかなかったのかも」にしました。予言の方は「うまくいけばつきあえるかもしれないし，とりあえずいい方に考えよう」にしました。

講師 なるほど，いいですね。それぞれどのあたりに注目して変えましたか？

生徒 両方とも，悪い思い込みをしないように，いいように考えるというか，少なくとも悪いようには考えないようにするというか。

講師 うん，いいね，今後に向けて，根拠に乏しい悪い思い込みをやめる感じの考えだね。ありがとうございました。（※時間を見て，もう何人か聞く）

| 気持ち・考えを拾い，
考え方を変える
（展開3：20分） | ▼架空の状況における気持ち・考えを拾う（スキル①の復習もかねて）。
講師 みなさんそれぞれ，とてもよく考え方のクセを変えられていたと思います。では，今度は自分の考えで同じことを練習してみましょう。今からプリントを配りますので，まず，そこに書かれている状況になった際の自分の気持ちや考えを書き出してみてください。これは，一番最初にやった1つ目の予防スキル「自分の気持ちと考えに気づく」の復習です。【プリント配布】 |

57

✿ 自分の気持ち・考えを拾って，そのクセを変えてみよう
状況：好きな人に告白したあなた。でも返事は，「考えさせて」。

その時のあなたの考え
[　　　　　　　　　　　　　　　　　　　　　　　　　　　]

そう考えた時の気持ち
● 色で表わすなら何色だろう？　[　　　　　　　　　　　]

● 表情で表わすならどんな顔だろう？
　（隣の吹き出しに描いてみましょう）

● からだの状態はどうなるだろう？
[　　　　　　　　　　　　　　　]

● ことばで表わすならどういうことばになるだろう？
[　　　　　　　　　　　　　　　]

では，考え方のクセを見つけて，違う考え方をしてみよう！

1）考え方のクセを見つけ出そう。
[　　　　　　　　　　　　　　　　　　　　　　　　　　　]

2）クセを意識して，違う考え方をしてみよう。
上手に考え方を変えるために：
・先ほどの，考え方のクセを変えるヒントを活用しましょう。
・「同じことを友達が言っていたら，自分だったらどう言うだろう」，「友達だったら自分にどう言ってくれるだろう」と考えると，いい考え方が浮かんだりします。

> p.128参照

[　　　　　　　　　　　　　　　　　　　　　　　　　　　]

▼その考えにおけるクセを探し，ヒントを使って考え方を変える練習をする。
[講師] そこまで書けたら，次は自分が書いた考えに注目して，そこに何かしらのクセがないかを確認してみてください。もしあてはまるクセが隠れていたら，先ほどレンジャーたちの考えを変えた時のヒントも参考にしながら，実際に考え方のクセを変えてみてください。クセがなかった人は，そのままでいいです。
[講師] 自分の考え方のクセを変えることができた人は，最後に，そのように考え方を変えた時の，自分の気持ちを再度拾ってみてください。何か，変化はあったでしょうか。

3）2）のように考えたらどういう気持ちになるだろう。その変化を確かめよう！
● 色で表わすなら何色になった？　[　　　　　　　　　　　]

● 表情で表わすならどんな顔になった？
　（隣の吹き出しに描いてみましょう）

● からだの状態はどうなった？
[　　　　　　　　　　　　　　　]

● ことばで表わすならどういう気持ちになっただろう？

> p.128-129参照

[　　　　　　　　　　　　　　　]

第3章 「うつ予防心理教育プログラム」の実践①

▼何人かの生徒に答えさせる。適宜，生徒の回答について触れ，どの考え方のク
　セが含まれていると考えたのか，そしてそれをどのように変えたのか等，内容
　について深めながら共有をする。

[講師]　それでは，みなさんがどんなことを書いてくれたかを少し共有したいと思
います。こんなことを書いたよ，と教えてくれる人？【生徒をあてる（※自発的
な発言がなければ講師が発表者を決めてあてる）】【以降，生徒の回答を板書】

[生徒]　はい。まず，気持ちは，色が黒。顔は，茫然とした感じ。からだは，重い。
ことばは，「ショック」「悲しい」。考えは，「ダメな匂いがぷんぷんする，これは
ダメだ，脈なしだ」です。

[講師]　かなりショックを受けているね。でも，上手に分けられていると思います。
さて，その考えのなかには，クセが含まれていましたか？

[生徒]　わからないけど，多分白黒思考と根拠のない決めつけが入ってるかなって。
「これはダメだ」「脈なしだ」っていうのが極端だし，相手の回答を勝手に想像
しているから。

[講師]　なるほど。じゃあ，その白黒思考を変えたものを教えてください。

[生徒]　「考えてくれるということは，可能性はゼロじゃないかもしれない。ひと
まず返事を待とう」にしました。

[講師]　いいですね！両方のクセを上手に変えられていると思います。では，その
ように考えを変えた時の，改めての自分の気持ちはどうなりましたか？

[生徒]　色は，薄いグレー。顔は，わかりませんでした，普通の感じ。からだは，
少し心臓がどきどき。ことばは，「落ち着きを取り戻す」です。

[講師]　うんうん，なるほど，黒くてずーんとした気持ちが少し薄まって落ち着い
たということだね。とてもよかったと思います。ありがとうございました。さて，
ほかに教えてくれる人はいますか？

[生徒]　はい。まず，気持ちは，色がピンク。顔は，期待している感じ。からだは，
少しドキドキ。ことばは，「ドキドキ」「そわそわ」。考えは，「早く返事が聞きた
いな」です。

[講師]　なるほど，そわそわ待ちきれない感じなんだね。さて，その考えのなかに
は，クセが含まれていましたか？

[生徒]　多分，ないと思う。

[講師]　そうだね。決めつけたりも思い込んだりもしていないし，期待に胸ふくら
ませて待っているんだもんね。クセは入っていないと思います，ありがとうござ
いました。

（※以降，時間を見ながらいろいろな回答が出るようにあと1〜2人あて，それ
ぞれ並べて板書する）

▼考え方を変えたことによって気分も変わることを共有する。

▼ポジティブにもネガティブにもとれる事例なので，クセがなかった場合にはそ
　れでいい旨伝える。

[講師]　さて，今何人かの方に発表をしていただきました。みなさんとても上手に
自分の状態について拾い，考え方のクセを探し，そしてクセをうまく変えられて
いたと思います。さあこれ，黒板ざっと見てもらって，どうかな，やっぱり前も
そうだったけど，今回も1つの状況に対してかなりいろいろな気持ちや考えにな
っているよね。クセが入るようなネガティブな考え方をしてしまう人もいれば，
クセのないニュートラルな考え方をしている人もいます。この事例自体は，ポジ
ティブにもネガティブにもとれる事例なので，クセがなかった人は比較的ネガテ
ィブになりづらい考え方が普段からできているのだと思うので，それを続けられ
るようにしてください。逆にクセがあった人も，みなさん上手にそれぞれのクセ
を変えられていましたので，また同じようなネガティブな考え方をしてしまった
としても，これができれば大丈夫だと思います。

59

		そしてもう１つ，共有したいのは，この考え方のクセを変えた後の気持ちに注目してほしいのですが，最初とは少し，変わっているよね。劇的な変化がある人もいれば色が薄まるくらいの人もいるけれど，いずれにしても気持ちが大なり小なりいい方向へ変わっています。そうなんです，「考え」を変えると，このように「気持ち」が変わるんです。考えと気持ちにはつながりがあるよーという話を少し前にしましたが，その循環がいい方にすすんだということです。
スキル②のまとめ （まとめ：5分）	▼まとめ 講師 ネガティブな考え方のクセは，気持ちもネガティブに導きます。今回練習したうつ予防スキルの２つ目，「考え方のクセを変える」を普段から意識することで，少し考えがネガティブになってしまってもいち早く気づいてクセを変え，連動して気持ちがネガティブになることを予防し，ひいてはうつも予防してもらえればと思います。普段からクセが出がちという人はもちろん，それぞれのクセを普段からあまりしないなぁという人や，最後のワークでクセが考えに含まれていなかった人も，大きなストレスにさらされたりするとこうしたクセが出てきてしまうことがありますので，今回紹介したクセは頭の隅に置いておいてください。そして，もしそのクセが出てくるような場面が来た時には，ヒントを使ってそこから抜け出してみてくださいね。 ▼筋弛緩法（リラクゼーション）を行う。 ▼気分が悪くなった人がいれば，講師や担任に遠慮なく伝えてほしい旨伝える。 講師 ということで，以上がうつ予防スキルの２つ目でした。いろいろ考えたりして疲れたと思うので，ちょっとからだをリラックスさせましょう。また，もし考えすぎて嫌な気持ちになってしまったという人がいたら，今でも授業後でもいいので，遠慮なく私や担任の先生に伝えてください。【リラクゼーション実施】

③第３回授業解説

　以上が，第３回授業の流れです。第２回で扱った認知の歪みをベースにし，それらを変容させる方法を実際に実践させています。その際，まずは認知の歪みの紹介の際に用いたキャラクターたちの「クセを持った考え方」を変えるための視点を紹介し，それを元に思考を変容させる方法を練習させた上で，身近な事例を用いて自身の思考の変容に取り組ませています。これは，キャラクターの事例という客観的な視点をもつことが可能な事例での練習を踏まえてから自身の事例に取り組ませることで，生徒の理解の促進を狙ったものです。また，自身の思考を変容させる体験をさせた後の感情についてもモニタリングさせ，実際に気分が変容していることを認識させることで，考え方のクセを変えるスキルの効果について生徒たちが理解できるよう促しています。なお，こちらもただワークに取り組むだけではなく，それをクラス全体でシェアすることでいろいろな人の認知の変容スタイルに触れ，様々な方法があることはもちろん，自分で自分の状態を把握し思考を変容させていくことの重要性もまた理解できるようになることを目指します。また，講義形式・ワーク形式の座学授業とのメリハリをつけ，生徒の集中力や意欲を保つ狙いもあります。

第3章　「うつ予防心理教育プログラム」の実践①

4　第4回授業

①第4回授業の要点

　第4回の介入要素は，「対反芻」です。"考え込まないようにする"をテーマに，対反芻スキルを紹介すると共にいくつかを実際にその場で実践し，その効果を実感してもらうこと，自分に適した方法や参考にしたい方法を把握してもらうことが目標となっています。自身にあっていそうな方法を生徒に見出してもらうこと，実際に実践を通し「考え込まない」体験を生徒たちにしてもらうことが重要になります。

　なお，最後に全体のまとめも行い，授業で練習したスキルについて，日常的に実践したり，何かあった際には積極的に実践してみてほしいこと，ただし自分の手に負えないような状況になった場合にはすぐに専門家に相談をしてほしいことなどを伝達します。

②第4回授業の実施例

　以下に，第4回授業の実施例を示します（表3-9）（pp. 130-132のワークシートも参照）。

表3-9　CO版プログラムの実施例【第4回】

	学習内容	学習の流れ／指示・すすめ方
(4)考え込まないようにする（うつ予防スキル③）	前回の復習／本時の内容 （導入：−）	▼前回の内容を振り返る。 ▼本授業ではうつ予防スキル③「考え込まないようにする」を扱うことを伝える。 [講師]　前回は，うつ予防スキルの2つ目，「考え方のクセを変える」を練習しました。今日は，うつ予防スキルの3つ目，「考え込まないようにする」を実践したいと思います。これは，「ネガティブなことを延々と考えてしまう」といううつのきっかけをつぶすためのスキルになります。【テーマを板書】
	自分が持っている考え込まない方法 （展開1-1：10分）	▼自分自身が普段実践している気晴らし法（＝考え込まないための方法）を整理する。 [講師]　まずは，みなさんが普段から実践している，考え込まないようにするための方法，考え事から抜け出せそうな方法を書き出してみましょう。【プリント配布】 ▼何人かの生徒に答えさせる。 [講師]　それでは，何人かの人にどんな方法を書いたか教えてもらいましょう。【生徒をあてる（※列などで発表者を決めてあてる）】【以降，生徒の回答を板書】 [生徒]　寝る（笑）。 [講師]　あー，いいよね，寝るとすっきりするよね。寝ようとして考え事をしちゃうってことはない？ [生徒]　気づいたら寝てる（笑）。 [講師]　それは有効だね（笑）。 [生徒]　スポーツ！走ったりすると，無心になれる。 [講師]　いいね，いろいろなものが目に入ってくるし，からだを動かすと頭がしゃきっとしたりするよね。 [生徒]　好きな音楽を聴く。その時の気分にあったもの。落ち込んだ時は元気な曲を聴く。

61

	講師 なるほど，いいね，気分をあげてくれるし，音楽に入り込めるよね。
	生徒 ペットと遊ぶ。可愛くて，気づいたら嫌なこと忘れてる（笑）。
	講師 それ素敵だね！動物はかなり癒し効果もあるしね，気持ちが穏やかになっていいと思います。
	（※以降，時間を見ながらいろいろな回答が出るようにたくさんの生徒をあて，それぞれ板書する）
	講師 今，たくさんの人にみなさんが普段からやっている「考え込まないようにする」ために使えそうな方法を教えてもらいました。これらは，今すでにみなさんが持っている大事な方法なので，そのままストックして，実際にネガティブなことを延々と考えてしまうことがあった時に使ってみてください。また，今出てきたなかで，普段やらないけど使えそうだな，いいな，と思ったものについては，せっかくなのでメモをとっておいてください。みなさんが持っている方法にプラスして，新たにストックしておいてください。
考え込まない方法の紹介 （展開1-2：5分）	▼考え込まないための方法を4つ紹介する。 講師 それでは，今あげていただいたものを踏まえて，それに足す形で私の方から「考え込まないようにする」方法を4つ，お伝えします。【以降，下線部を板書】 講師 まず1つ目は，「考え込んでいることに気づく」です。うつ予防スキルの1つ目でもやりましたが，まずは自分の状態に気づくことが大切です。そして，そのことに気づくことができたら，「考え込んじゃってるよ」と自分自身に言ってみましょう。それだけで，思考が別の方向を向いて，考え込むことから抜け出せます。 　2つ目は，「ストップ！と言う」です。1つ目の「考え込んじゃってるよ」で足りない時は，自分で自分を制してみましょう。「ストップ！」の連呼でも構いません。考え込もうとするところを「ストップ！」で邪魔をして，それ以上没入せずにすむような効果があります。 　3つ目は，「ネガティブタイム・ネガティブスポットを作る」です。自分がリラックスできる時間や場所以外で，「この時間／場所でネガティブなことをとにかく考え込むぞ」とあらかじめ決めておきます。時間の長さは，長くても10〜15分にしましょう。ひたすら，ネガティブなことを考え込んでください。その時間／場所以外で考え込みそうになったら，「あとであそこで考えるから」と考え込むのを繰り越しましょう。時間と場所を指定することで，それ以外の時間と場所では考え込まずに済みますし，意外と10〜15分も考え込むと疲れて思考が止まるものです。ぜひ，試してみてください。 　4つ目は，「何か別のことをする，何かに集中する」です。いわゆる気晴らしになります。さきほどみなさんに教えてもらったものもこれにあてはまるかと思います。注意をネガティブな考えから反らし，別のものに向けることは，当たり前のようでいてとても大事なスキルになります。 ▼自分に適した気晴らし法を知っておき，考え込んでしまった時に実践することがうつ予防に有効であることを伝える。 講師 ということで，4つの方法をご紹介しました。先ほどのに追加して，自分が使えそうな方法をストックしておいてください。自分に適した脱出法を知っておくことで，実際に考え事をしてしまった時それをやめることができます。
考え込まない方法の実践：リラクゼーション （展開2-1：10分）	▼考え込まないための方法で紹介した「何かに集中する」を実践する。 講師 では，この「考え込まないようにする」スキルを，実際に練習してみましょう。今回は，先ほど紹介した「（4）何か別のことをする，何かに集中する」ことで，実際にネガティブな考えから脱出できることを体験してもらいたいと思います。 　まずは，自分がよく繰り返して考えてしまいがちなネガティブな考えをプリン

第3章 「うつ予防心理教育プログラム」の実践①

	トに書いてみてください。全くないという人は，直近の試験やイベントについての考えを書いてみましょう。そして，それについて少しの間，考えをめぐらせてみてください。（※1分程待つ） ▼リラクゼーション：呼吸法について解説後，5分ほど実際に体験させる。 講師　では，1つ目に入ります。1つ目は，「リラックス体験にひたる」です。これから，呼吸を整えるリラクゼーションを実践したいと思います。みなさんには「呼吸法」を実践してもらいます（※呼吸器系に問題がある生徒がいないか確認）。まず，目を閉じて，吐く息が聞こえる程度に口から息を全部，長くゆっくり吐きます。息を吐ききったら口を閉じ，今度は鼻から息をゆっくり吸い込み，心の中でゆっくりと5つ数えてください。数え終わったら，再び5つ数えながら，今度は口から細く長く息を吐きましょう。ここまでが1セットで，そのセットをみなさんのタイミングで5セット，やってみてください。なお，たまにそのまま寝てしまう人がいるので，5セット終わったら，ゆっくりと目を開けてください。 【呼吸法実施】 ▼リラクゼーション中，ネガティブな考えは浮かばなかったかについて，評価させる。 講師　はい，お疲れ様でした。自分の心臓の音，息の音，周囲の息の音などが聞こえて，気持ちが穏やかになったのではと思います。さて，ここで，プリントを見てください。今のリラックス体験中，一番最初に考えをめぐらせたネガティブな考えは，頭に浮かんだでしょうか？バーがありますので，そこに印をつけてみてください。印が右にあればあるほど，今の方法が効果的だったことになります。もし，右の方に印をつけられた人は，ぜひこの方法もストックし，実践してみてくださいね。 
考え込まない方法の実践：クイズ （展開2-2：15分）	▼考え込まないための方法で紹介した「何かに集中する」を実践する。 講師　では，2つ目の方法にいきます。その前にまず，再度，自分がよく繰り返して考えてしまいがちなネガティブな考えについて，考えをめぐらせてみてください。（※1分程待つ） ▼クイズ：「4つの数字で10をつくる」を実施させる。 講師　では，2つ目に入ります。2つ目は，「クイズに集中する」です。これから，あるクイズを出しますので，みなさんにはそれを頑張って解いていただきます。問題は，今から書く4つの数字で，10をつくるというものです。ルールは，「＋，－，×，÷」しか使わない，ただし（　　）は使ってよい，です。また，数字の順番はばらばらにして構いません。 　問題は，難易度の違う3つです。これから板書しますので，答えを考えてプリントに書き出してください。それでは，始めます。【問題板書】【クイズ実施】 ▼クイズを実践中，ネガティブな考えは浮かばなかったかについて，評価させる。 講師　はい，お疲れ様でした。みなさんかなり集中して頑張っていたと思います。さて，ここで，もう1度プリントを見てください。今のクイズ実施中，一番最初に考えをめぐらせたネガティブな考えは，頭に浮かんだでしょうか？先ほどと同じように，バーに印をつけてみてください。印が右にあればあるほど，今の方法が効果的だったことになります。もし，右の方に印をつけられた人は，ぜひこの方法もストックし，実践してみてくださいね。

> ⇒いかがですか？クイズに集中している間，ネガティブな考えから距離をとり，考え込まずにいられましたか？以下に評価してみましょう。

p.131参照

ずっと考え込んでいた　　　　　　　　　　　　　　全く考え込まなかった

本時のまとめと，全体の振り返り（まとめ：10分）	▼本時のまとめ [講師] 以上がうつ予防スキルの3つ目「考え込まないようにする」でした。今日は，みなさん自身が普段から実践しているものにプラスして4つの方法をご紹介し，そのうちの1つについて，2つの方法で実践をしてもらいました。今日実際にやった方法やご紹介した方法以外にも，もっといろいろな方法があると思います。今日よかったなと思ったものはストックして実践してほしいですし，これからも自分に適したものがあればどんどん取り入れていってもらえたらと思います。 ▼全体の振り返り [講師] ということで，この授業では，うつの予防についてみなさんと勉強し，練習してきました。最後に，まとめをしたいと思います。 【プリント配布】

> ✿最後に，全体の振り返り
> 1）うつは，落ち込みが持続・悪化したもの。
> 2）うつは予防することができる。
> 3）うつのきっかけは，
> ①自分の状態に気づかずに頑張ってしまう
> ②ネガティブなことがたくさん思い浮かんでしまう
> ③ネガティブなことを延々と考えてしまう
> 4）これらの各きっかけをつぶす3つの方法
> ①自分の気持ちと考えに気づく
> …出来事に対する，自分の気持ち・考え（・行動）に日頃から気を配りましょう。落ち込みがひどくなっている兆候に気づけるかもしれません。
> ②考え方のクセを変える
> …自分がやりがちな「考え方のクセ」を把握し，気づけるようにしましょう。
> そして，考え方を変えてみましょう。
> ③考え込まないようにする
> …紹介した脱出法など，自分に適している脱出法を実践しましょう。

p.132参照

> ✿授業中に紹介した3つのスキルを日常的に実践したり，何か嫌なことや辛いことがあったときに実践していただければと思います。

[講師] 最初の授業では，うつとは何ぞやということをみなさんのイメージも聞きながら紹介しました。そして，うつは落ち込みが持続・悪化したものであり，予防ができるということをお伝えしました。

そして，落ち込みが持続・悪化してうつに至ってしまうきっかけとして，自分の状態に気づかずに頑張ってしまうこと，ネガティブなことがたくさん思い浮かんでしまうこと，ネガティブなことを延々と考えてしまうことをあげました。そして，これらをつぶすスキルを実践することでうつが予防できることを説明しました。

その方法が，みなさんと実践した3つになります。1つ目が「自分の気持ちと考えに気づく」スキル。自分自身の気持ちや考えにアンテナをはることで，自分が無理をしていないかなどに目を配り，考えと気持ちの悪循環を予防することで，うつを防ぎます。2つ目が「考え方のクセを変える」スキル。ネガティブな考えのクセにいち早く気づき，それを変えることで，やはり考えと気持ちの悪循環の

第3章 「うつ予防心理教育プログラム」の実践①

		予防をし，それがうつ予防につながります。3つ目は今日やりました，「考え込まないようにする」スキル。自分に適した考え込まない方法，考えからの脱出法を知り，考え事をしてしまった際に実践することで，うつを防ぐものでした。 ▼最後に… [講師] ということで，うつ予防の授業は以上になります。授業で練習した3つの予防スキルを日常的に実践したり，頭の隅にとどめておいてここぞという場合で使ったりすることで，ぜひみなさんのこころとからだの健康を守ってくださいね。なお，授業中に紹介した方法を使っても対処できないようなつらい出来事や落ち込む事柄が出てきた場合には，すぐに担任の先生や保健の先生，スクールカウンセラーに相談することも忘れないでください。 ▼筋弛緩法（リラクゼーション）を行う。 ▼気分が悪くなった人がいれば，講師や担任に遠慮なく伝えてほしい旨伝える。 [講師] では，からだをリラックスさせましょう。また，もし考えすぎて嫌な気持ちになってしまったという人がいたら，今でも授業後でもいいので，遠慮なく私や担任の先生などに伝えてくださいね。【リラクゼーション実施】

③第4回授業解説

　以上が，第4回授業の流れです。自身が普段から実践している方法や周囲が実践している方法をその場で共有することで，自分に適している方法を再確認しながら，新しい方法についても取り入れられるよう促しています。また，ネガティブな考えを想起させた状態で対反芻スキルを実践させることで，その効果を体験させ，日常生活での実践につながるよう工夫を行っています。

第4章
「うつ予防心理教育プログラム」の実践②
カウンセラーと教員のティーム・ティーチング（TT）による授業

> ✺この章では，カウンセラーによる授業であるCO版プログラムを，カウンセラーと教員が協働し，TTにて実践を行える形式に変えた「TT版プログラム」について，その概要（マニュアル）と実施例を紹介します。

1 TT版プログラムの実施マニュアル

■ TT版プログラムの概要

① TT版プログラムの作成

　TT版プログラムの作成にあたっては，2012年12月中旬～2013年1月上旬にかけて，TTを共に実施する教員（巻末の資料3参照）と複数回にわたり，合計4時間程度の協議を行いました。協議にあたっては第3章で紹介したCO版プログラムのマニュアルを持参し，どの箇所をどのように分担するかについてディスカッションを行いました。

　役割分担については，筆者・教員ともに，それぞれの専門性を生かした分担ができるといいという意見で一致しました。具体的には，心理学の知識や認知行動療法などの専門的な手法を伝達・解説し，それらの重要性について伝える箇所は，プログラムの内容を熟知している「心理の専門家」である筆者が主に担当し，それらを踏まえて実際に練習を行ったり，回答内容を全体で共有したりディスカッションするような箇所，及びテーマの導入やまとめは，1対多の授業経営や生徒たちを熟知している「授業と生徒の専門家」である教員が主に担当する，といった分担です。また，最終的なまとめなど重要な箇所については，筆者と教員両方が内容を扱うとよいということになりました。これらの分担により，例えば筆者がメインとなって担当する箇所では，より正確な知識や手法の伝達が可能になり，また「専門家の意見」ということでよりその重要性が際立つ可能性があります。一方教員がメインとなって担当する箇所では，普段通りの生徒の発言が促されたり，教員だからこそ知る普段の生徒やクラスの様子を利用しながら授業が進行されることで，授業内容についての理解の深化と日常生活への般化が期待できます。さらに，メインの実施者が入れ替わることで授業全体のテンポやメリハリが向上し，生徒の授業への意欲や集中力が高まることも予想されます。TTの形態としては，授業内容を構築しているという意味では筆者がMTですが，授業空間を支えているという意味では教員がMTとなるため，MT・ATといった形ではなく，2人の授業者で授業を進行させていく，T1・T2のような形式といえるでしょう。

　それぞれの分担は，筆者が持参したCO版プログラムマニュアルの「学習の流れ／指示・すすめ方」欄に書かれた項目について，振り分けていく形式でマニュアル化していきました。同マニュアルの同欄を「カウンセラー（T1）」「教員（T2）」に二分割させた枠が書かれた用紙を用意し，筆者がメインの授業者となる内容はT1欄に，教員がメインの授業者となる内容はT2欄に書き込んでいくことで，授業全体の流れと内容ごとのメインの

第4章 「うつ予防心理教育プログラム」の実践②

授業者，その指導内容，その際にサブとなる授業者の役割を書き込んでいきました。教員が担当する箇所の具体的な内容については，筆者が単体で実施するクラスの授業を教員に見学してもらうことで，ある程度の統一をはかりました。

以上のように，「心理の専門家」と「授業と生徒の専門家」の専門性の"いいとこどり"が達成されるよう，ディスカッションを重ね，最も効率のよい，また効果的な分担を目指したプログラムを作成しました。

② TT版プログラムの概要

上述の通り，プログラムの「実施者」について，心理の専門家（筆者）と教員の2人での役割分担を行いました。大まかな分担は以下の通りです（表4-1）。心理教育や認知の再構成の解説などの専門的な内容は心理の専門家が，解説後に行うワーク内容の共有やテーマへの導入など実際のスキルの練習や流れのポイントとなる箇所については教員が，それぞれ主な指導者となっています。また，最終的なまとめなど，重要なポイントは心理の専門家と教員の双方から伝達をすることとしました。「実施者」以外のプログラムの内容としては，第3章で提示したCO版プログラムのマニュアルと同一です。また，プログラム内で使用するワークシートについてもCO版プログラムと同様のものを使用しました。

表4-1 TT版プログラムのテーマと介入要素及び分担

セッション	テーマ	介入要素	指導内容と主たる実施者の分担
第1回	うつについて知る	心理教育	解説（カウンセラー）
	自分の気持ちと考えに気づく(1)	感情と思考の関連	解説（カウンセラー），ワーク内容の発表と共有（教員）
第2回	自分の気持ちと考えに気づく(2)	感情と思考の関連	ワーク内容の発表と共有（教員），ワーク実施後のまとめ（カウンセラー）
	考え方のクセを変える(1)	認知の再構成	解説（カウンセラー）
第3回	考え方のクセを変える(2)	認知の再構成	解説（カウンセラー），ワーク内容の発表と共有（教員），ワーク実施後のまとめ（カウンセラー）
第4回	考え込まないようにする	対反芻	解説（カウンセラー），ワークの実践と共有（カウンセラー・教員），ワーク実施後のまとめ（カウンセラー）
	まとめ		まとめ（カウンセラー・教員）

❷ TT版プログラムの実施マニュアル

TT版プログラムの実施マニュアルを，セッション毎（各50分）に以下に示します（表4-2～4-5）。なお，「指示・すすめ方」については，筆者（カウンセラー：COと記載）と教員の担当を並行して記載しています。アミのかかっている枠が，各内容の主な指導者です。

69

表4-2　TT版プログラムの実施マニュアル【第1回】

	学習内容	指示・すすめ方（T1：CO）	指示・すすめ方（T2：教員）	留意点など
（1）うつについて知る（うつの心理教育）	うつとはなんだろう？ （導入：10分）	▼生徒の回答を板書する。	▼本授業では「うつ」を扱うことを伝える。 ・「うつ」とはなんだろう。 ・自分が思ううつのイメージをまとめてみよう。 ▼何人かの生徒に答えさせる。	＊プリントに記入させる。
	うつについて知る （展開1：10分）	▼うつの症状について，生徒から出たイメージを適宜参照しながら説明する。この際，「こころ（感情）」「考え（思考）」「からだ（身体）」「行動」の4つのカテゴリーに分け，うつの症状を紹介する。 ▼「落ち込み」と「うつ」の違いを説明する。		＊板書（T1）しながら，プリントに記入させる。
	落ち込みからうつになるプロセスについて知る （展開2-1：5分）	▼落ち込みがうつになるプロセスを解説する。 ・落ち込みを持続・悪化させないようにすれば，うつにはならない。 ・うつは，「予防」できるものである。		＊板書（T1）しながら，プリントに記入させる。
	うつになるきっかけと，予防法 （展開2-2：5分）	▼プリント記入内容を板書する。 ▼それぞれに対応するスキルを紹介する。 ①自分の気持ちと考えに気づく ②考え方のクセを変える ③考え込まないようにする	▼落ち込みを持続・悪化させるもの＝うつのきっかけを3つ紹介する。 ▼それらを実践することで，うつが予防できることを伝える。	＊プリントに記入させる。
（2）自分の気持ちと考えに気づく	スキル①の導入 （導入：－）	▼テーマを板書する。	▼先ほど紹介したうつ予防スキル①「自分の気持ちと考えに気づく」を扱うことを伝える。	＊プリントに記入させる。
	気持ち・考え・行動のつながり （導入：10分）	▼気持ち・考え・行動のつながりを説明する。		＊板書（T1）しながら，プリントに記入させる。 ＊例をあげながら説明する（T1）。

第 4 章 「うつ予防心理教育プログラム」の実践②

	学習内容	指示・すすめ方（T1：CO）	指示・すすめ方（T2：教員）	留意点など
（うつ予防スキル①）	気持ち・考え・行動を拾う （展開 1-1：10分）	▼機間巡視する。 ▼生徒の記入内容を見ながら，適宜アドバイス／コメントする。 ▼生徒の回答を板書する。	▼架空の状況を提示。 ▼その状況に置かれた時の，自分の気持ち・考え・行動を拾うワークを行う。 ▼機間巡視する。 ▼生徒の記入内容を見ながら，適宜アドバイス／コメントする。 ▼何人かの生徒をあて，回答させる。適宜，生徒の回答について感じたことをフィードバックする。 ▼同じ状況でも回答が異なることを共有する。	＊プリントに記入させる。 ＊気持ちについては表現が難しいため，表情やからだの状態など，いろいろな側面から記入させる。
	本時のまとめ （まとめ：－）		▼本時のまとめ ・うつは予防できることを確認。 ・自分自身の気持ちや考えにアンテナをはり，その状態にひとりひとりが気を配ることが大切。	

表 4-3　TT 版プログラムの実施マニュアル【第 2 回】

	学習内容	指示・すすめ方（T1：CO）	指示・すすめ方（T2：教員）	留意点など
⑵ 自分の気持ちと考えに気づく（うつ予防スキル①）	前回の復習／気持ち・考え・行動を拾う （展開 1-2：20分）	▼機間巡視する。 ▼生徒の記入内容を見ながら，適宜アドバイス／コメントする。 ▼生徒の回答を板書する。	▼前回の内容を振り返る。 ▼2 つの架空の状況を提示。その状況に置かれた時の，自分の気持ち・考え・行動を拾うワークを行う。 ▼機間巡視する。 ▼生徒の記入内容を見ながら，適宜アドバイス／コメントする。 ▼何人かの生徒をあて，回答させる。適宜，生徒の回答について感じたことをフィードバックしたり，どうしてそのように回答したのかなどについて内容を深める。 ▼同じ状況でも回答が異なることを共有する。	＊プリントに記入させる。
	スキル①のまとめと補足 （まとめ：5 分）	▼まとめ ・感じることや思うことは人それぞれであり，だからこそうつのきっかけも人それぞれ。		＊プリントに記入させる。

71

		・自分自身の気持ちや考えにアンテナをはり，その状態にひとりひとりが気を配ることが大切。 ・自分の気持ちや考えに気づく＝自分の状態について振り返ることを日常的に実践してみよう。 ▼筋弛緩法（リラクゼーション）を行う。		
（3）考え方のクセを変える（うつ予防スキル②）	スキル②の導入 （導入：－）	▼テーマを板書する	▼本授業ではうつ予防スキル②「考え方のクセを変える」を扱うことを伝える。	＊プリントに記入させる。
	考え方のクセを知る （展開1-1：15分）	▼考え方のクセを紹介する。 ・今回の授業では5つのクセを紹介する。 1）白黒思考 2）部分焦点化 3）極端な一般化 4）自己関連付け 5）根拠のない決めつけ ・自分自身に多いものがあればチェックをする。 ・自分にやりがちなクセがなければ，普段から落ち込みを悪化させないような考え方ができているということ。ただし，ストレスがかかるとクセが出始めることもあるので，紹介したクセを頭の隅に残しておいてほしい。	▼机間巡視する。 ▼生徒の様子を見ながら，適宜補足する。	＊板書（T1）しながら，プリントに記入させる。
	考え方のクセに気づく （展開1-2：10分）	▼机間巡視する。 ▼生徒の様子を見ながら，適宜アドバイス／コメントをする。 ▼生徒の回答を板書する。	▼架空事例における3つの考えをとりあげる。 ▼机間巡視する。 ▼生徒の記入内容を見ながら，適宜アドバイス／コメントする。 ▼何人かの生徒に答えさせる。適宜，どのようなところからそのクセを選んだかを尋ね，クセの特徴を共有する。	＊プリントに記入させる。
	スキル②の途中までのまとめ （まとめ：－）		▼本時のまとめ ・5つの考え方のクセを確認。 ・まずは，自分がやりがちな考え方のクセを把握することが大切。	

第4章 「うつ予防心理教育プログラム」の実践②

表4-4 TT版プログラムの実施マニュアル【第3回】

	学習内容	指示・すすめ方（T1：CO）	指示・すすめ方（T2：教員）	留意点など
（3）考え方のクセを変える（うつ予防スキル②）	前回の復習／考え方のクセのヒントを元に，考え方を変える（展開2：25分）		▼前回の内容を振り返る。	
		▼紹介した5つの考え方のクセのそれぞれについて，そのクセから抜け出すヒントを紹介する。		＊プリントを見ながら解説及び記入をさせる。
		▼生徒の記入内容を見ながら，適宜アドバイス／コメントする。 ▼生徒の回答を板書する。	▼紹介したヒントを元に，どのように考え方が変えられそうか，考えてもらう。 ▼何人かの生徒に答えさせる。適宜，生徒の回答について触れ，どの考え方のクセが含まれていると考えたのか，そしてそれをどのように変えたのか等，内容について深めながら共有をする。	
	気持ち・考えを拾い，考え方を変える（展開3：20分）	▼机間巡視する。 ▼生徒の記入内容を見ながら，適宜アドバイス／コメントする。 ▼生徒の回答を板書する。	▼架空の状況における気持ち・考えを拾う（スキル①の復習もかねて）。 ▼その考えにおけるクセを探し，ヒントを使って考え方を変える練習をする。 ▼何人かの生徒に答えさせる。適宜，生徒の回答について触れ，どの考え方のクセが含まれていると考えたのか，そしてそれをどのように変えたのか等，内容について深めながら共有をする。 ▼考え方を変えたことによって気分も変わることを共有する。 ▼ポジティブにもネガティブにもとれる事例なので，クセがなかった場合にはそれでいい旨伝える。	＊プリントに記入させる。
	スキル②のまとめ（まとめ：5分）	▼まとめ ・考え方のクセを変えると気持ちが変わることを再度確認。 ・考え方のクセが出やすい人もそうでない人も，本授業で紹介した考え方のクセを頭に置いておき，クセが出てきた時にはヒントを使ってそこから抜け出す実践を		

73

			してみよう。 ▼筋弛緩法（リラクゼーション）を行う。		
				▼気分が悪くなった人がいれば，講師や担任に遠慮なく伝えてほしい旨伝える。	

表4-5　TT版プログラムの実施マニュアル【第4回】

	学習内容	指示・すすめ方（T1：CO）	指示・すすめ方（T2：教員）	留意点など
⑷ 考え込まないようにする（うつ予防スキル③）	前回の復習／本時の内容 （導入：－）	▼テーマを板書する。	▼前回の内容を振り返る。 ▼本授業ではうつ予防スキル ③「考え込まないようにする」を扱うことを伝える。	＊プリントに記入させる。
	自分が持っている考え込まない方法 （展開1-1：10分）	▼生徒の回答を板書する。	▼自分自身が普段実践している気晴らし法（＝考え込まないための方法）を整理する。 ▼何人かの生徒に答えさせる。 ・自分の気晴らし法にはどんなものがあるだろう？ ・周囲の気晴らし法にはどんなものがあるだろう？	＊プリントに記入させる。
	考え込まない方法の紹介 （展開1-2：5分）	▼考え込まないための方法を4つ紹介する。 ・自分に適していると思ったものは，日常生活で実践してみよう。 ▼自分に適した気晴らし法を知っておき，考え込んでしまった時に実践することがうつ予防に有効であることを伝える。		＊板書（T1）しながら，プリントに記入させる。
	考え込まない方法の実践：リラクゼーション （展開2-1：10分）	▼考え込まないための方法で紹介した「何かに集中する」を実践する。 ▼リラクゼーション：呼吸法について解説後，5分ほど実際に体験させる。 ▼リラクゼーション中，ネガティブな考えは浮かばなかったかについて，評価させる。	▼生徒の様子を見ながら，適宜補足する。	＊プリントに記入させる。
	考え込まない方法の実践：クイズ （展開2-2：15分）	▼考え込まないための方法で紹介した「何かに集中する」を実践する。 ▼クイズ：「4つの数字で10	▼生徒の様子を見ながら，適宜補足する。	＊プリントに記入させる。

	をつくる」を実施させる。 ▼クイズを実践中，ネガティブな考えは浮かばなかったかについて，評価させる。	
本時のまとめと，全体の振り返り （まとめ：10分）	▼本時のまとめ ・自分に適している気晴らし法をストックし，今後も実践しよう。	
	▼全体の振り返り ▼最後に… ・授業で紹介した3つの予防スキルを日常的に実践したり，頭の隅にとどめてうつを予防しよう。 ・ただし，自分で対処できないような落ち込みなどがあった場合はすぐ保健の先生やSCなどに相談しよう。	
	▼筋弛緩法（リラクゼーション）を行う。	
		▼気分が悪くなった人がいれば，講師や担任に遠慮なく伝えてほしい旨伝える。

2 TT版プログラムの実施例

　ここでは，先に示したTT版心理教育プログラムのマニュアルを，実際にどのように活用し授業として進行させていくかについて，そのポイント等をこれまでの複数の実践を元に再構成した実施例を用いて示します（効果の詳細については巻末の資料3をご参照ください）。なお，各回の要点についてはCO版プログラムの要点と変わらないため，本章ではプログラム全体を通じて共通しているTT実践における特徴と，各回の役割分担の詳細やねらいなどを示すこととしました。

■ TT版心理教育プログラム実践の特徴

　TT版プログラムの最大の特徴は実施者が2人であるということですが，それぞれが役割分担を行うことで，要所での生徒の理解を深めること，授業の進行をスムーズにすること等が可能になります。今回は，専門的な内容は筆者が，スキルの練習や流れのポイントとなる箇所については教員が，それぞれ主な授業者となっており，サブとなる授業者は板書や机間巡視などで授業のサポートを行うこととしました。筆者と教員の連携はもちろん，各自が自らの専門性を生かした役割をしっかりとこなすことが重要になります。

また，教員が主な指導者となる箇所については，普段の生徒の様子を知る教員ならではの生徒との関わりが可能になる点も TT 版の特徴といえます。クラスの雰囲気や生徒各自の様子を踏まえた上でのやりとりなどがワークの回答内容の共有時に行われることで，生徒の理解が促進されたり，授業への意欲の高まりが促されることが期待されます。教員はこの点を意識しながら関わること，筆者はそれを想定した上でサポートを行うことが重要になると考えました。

2　第 1 回授業

①第 1 回授業の実施例

　以下に，TT 版心理教育プログラムの第 1 回授業の実施例を示します（表 4-6）（pp. 118-122 のワークシートも参照）。「指示・すすめ方」については筆者（カウンセラー；CO と記載）と教員の担当を並行して記載しており，アミのかかっている枠が各内容の主な授業者です。また，表中のイラストはワークシートの一部です（以降の回も同様）。

表 4-6　TT 版プログラムの実施例【第 1 回】

	学習内容	指示・すすめ方（T1：CO）	指示・すすめ方（T2：教員）
(1)うつについて知る（うつの心理教育）	うつとはなんだろう？ （導入： 10分）		▼本授業では「うつ」を扱うことを伝える。 T2　今回の授業のテーマは「うつ」です。みなさんと一緒に，うつとはどういうものなのか，どう対処すればいいのか，考えていければと思っています。 　まず，そもそもみなさんは「うつ」を知っていますか？ TV やネットで見聞きしたことがある人も多いと思いますが，どのようなイメージがあるでしょうか。今日の授業では初めに，今の時点でみなさんが「うつ」について知っていることや，「うつ」になるとこういう風になるのではないかというイメージについて，聞いてみたいと思います。これからプリントを配りますので，うめてみてください。【机間巡視】
		【プリント配布】【机間巡視】┈┈┈┈	▼何人かの生徒に答えさせる。 T2　では，何人かの人にどのようなことを書いたのか教えてもらいましょう。みなさんどんなことを書きましたか？【生徒をあてる（※講師の裁量で，列や個人などであてる）】
		【以降，生徒の回答を板書】┈┈┈┈	生徒　気分が落ち込んで，やる気がなくなるイメージがあります。 T2　なるほど。確かにそんなイメージあるね。ずーんとなったまま，何もできずにいるような感じの。 生徒　眠れなくなる…？睡眠障害みたいな。

第4章 「うつ予防心理教育プログラム」の実践②

		T2 あー，TVでよく聞くかもしれないね。ネットやゲームで寝つけずにクマがよくできている人はクラスでもよく見るけども（笑）。
		生徒 暗い。
		T2 なるほど。それはうつのイメージ？それとも症状的な？
		生徒 …両方？
		T2 あー，でもわかる。うつって暗いイメージがあるし，本人も気分が暗くなってそうだもんね。
		生徒 プラス思考ができない。マイナス思考になっちゃう。
		T2 ああ，なるほど，マイナス思考はありそうだね。○○や○○は普段からマイナス思考だけど（笑）。
		（※以降，ある程度回答のバリエーションが出るまであてる）
うつについて知る（展開1：10分）		T2 では，みなさんの意見を聞いたところで，実際のうつについてT1先生から教えてもらいましょう。【以降，机間巡視】
	▼うつの症状について，生徒から出たイメージを適宜参照しながら説明する。この際，「こころ（感情）」「考え（思考）」「からだ（身体）」「行動」の4つのカテゴリーに分け，うつの症状を紹介する。	
	T1 はい，T2先生ありがとうございます。今みなさんからたくさんのイメージを出してもらいましたが，どれもこれからやる「うつ」のイメージや「うつ」そのものにとてもあてはまっていると思います。では，本当の「うつ」ってどういうものなのか，みなさんから出していただいた意見とも照らし合わせながら説明していきたいと思います。	
	今回は，「うつ」について，「こころ・気持ちの症状」「考えの症状」「からだの症状」「行動の症状」の4つの側面に分けて説明していきます。プリントをうめながら聞いてください。【以降，下線部を板書】	

77

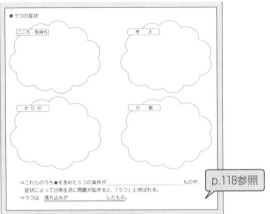

　まずは,「こころ・気持ち」の症状です。これには,うつを代表するといってもいいでしょう,「抑うつ気分（★）」があげられます。先ほどみなさんがあげてくれた,"気分の落ち込み"のことです。"暗い"イメージ,と言ってくれた人もいましたが,この抑うつ気分はまさにそのイメージかもしれません。また,「楽しくない・興味がわかない（★）」という症状もあります。うちこんでいた趣味や好きだったことが楽しくなくなったり,そこに関心がいかなくなるわけです。また,「やる気が出ない」というのもあります。これも,どなたかあげてくれてましたね。そして,これは出ませんでしたが,「イライラする」「焦り」という症状もあります。気分が落ちるだけではなくて,イライラしたりそわそわしたりということもうつにはあるわけです。

　次に,「考え」の症状。先ほど,"マイナス思考になる"というのをあげてくれた人がいましたが,まさにその通りで,うつになると,マイナスなこと,ネガティブなことを過剰に考えてしまうようになります。具体的にどのようにネガティブになるかというと,例えば,「私には価値がない」や「全部私が悪い」などがあげられます。また,そのようにマイナスに考えすぎる一方で,逆に「考えることができない」ということが起こることもあります。思考が停止してしまうんですね。そして,そういうことを繰り返しながら,考えがついに「死にたくなる」というところにまで行き着くこともあります。

　そして,今度は「からだ」の症状。これは先ほどどなたかが言ってくれました,「眠れない」という睡眠の問題が出ます。具体的には,寝つけない,眠りが浅い,朝起きられないといったものがあります。また,これは出

第4章 「うつ予防心理教育プログラム」の実践②

ませんでしたが,「食べたくない」という食欲の問題も出ることがあります。実際に「体重低下」が起きる人もいます。なお,睡眠と食欲については逆に寝すぎたり過食をしたりという人もいるので,「睡眠の障害」「食欲の障害」という風に書いてくださっても OK です。そして,このほかにも,「だるい」「頭痛」「肩こり」「腹痛」といった症状もあります。一見うつの症状のようには見えませんが,特に年齢が低いほど,このからだの症状がより出やすいともいわれています。

　最後に,「行動」の症状です。「行動」の症状はどちらかというと気持ちや考えの症状などが起きてくることによって二次的に出てくるものが多いですが,例えば,みなさんくらいの年であれば,「授業の内容が頭に入らない」「成績低下」「不登校」などがあげられます。
▼「落ち込み」と「うつ」の違いを説明する。
T1 さて。ここまでがうつの症状なのですが,ここで1つ。ざっと見ていただくとわかると思うのですが,みなさん,ここに書かれている症状を,経験したことがない人の方が少ないのではないでしょうか。例えば「気分の落ち込み」,これって友達とケンカしたりしても起きますし,悩み事があると「眠れない」「全部私が悪いと考える」こともあるでしょうし,失恋をすれば「食べたくない」ということにもなるかもしれません。そうなんです,ここに書かれている症状はすべて,何かあって気分が落ち込んだ時,凹んだ時に起こりうるものばかりなんです。であるならば,みなさん全員がうつだったのかというとそうではなくて,実は本当の「うつ」というのは,ここからさらに条件が必要になります。実際の「うつ」は,これらの症状のうち,「抑うつ気分（★）」と「楽しくない・興味がわかない（★）」の2つを含んだ,5つ以上の症状,例えば,「抑うつ気分」「興味がわかない」「やる気が出ない」「眠れない」「食欲がない」の症状があって,かつ,それらが2週間以上続いたもの,なんです。だから,ちょっと気分が落ち込んだけど寝たら治った,とか,イライラしたり眠れない日が続いたけれど週末休んだら平気になった,とか,そういうものはいわゆる「落ち込み」です。「うつ」は,その「落ち込み」が,「持続して,悪化したもの」ということができると思います。

| 落ち込みか らうつにな るプロセス について知 る
（展開2-1 ：5分） | ▼落ち込みがうつになるプロセスを解説する。
T1　では、「落ち込み」が持続し、悪化して「うつ」になってしまう過程とポイントを整理します。プリントをうめながら見てくださいね。【以降，下線部を板書】【図を板書】

p.119参照
T1　まず、「落ち込む」前にはどんなことがあるでしょう？【生徒をあてる】
生徒　ケンカとか。
生徒　失敗したとか，嫌なこと。
T1　そうですね，何かつらいことがあったり，嫌なことがあったりすると、「落ち込み」につながります。しばらくこの状態が続くこともありますが，先程も言ったように，この「落ち込み」は、「元気を取り戻す」状態にいける場合があります。一方で、「落ち込みの持続と悪化」のルートをたどってしまうと、「うつ」になってしまうわけです。この，落ち込みから元気になるかそれが持続して悪化してしまうかの分かれ道，何がどう違うのでしょうか？
　それは、「落ち込み」の後の対応にあります。落ち込んだ後，例えば，先程言ったように少し寝たり，休んでみたりする。これは、「落ち込み」に対する適切な対応です。実際に，寝たり休んだりすることで，気分が戻った経験をした方も多いのではと思います。このように、「落ち込み」が解消されるような行動をとることができれば、「元気を取り戻す」ルートに近づけます。逆に、「落ち込み」に対して適切ではない行動をとってしまうと、「落ち込み」はまったく解消されず，持続し悪化して、「うつ」につながってしまうわけです。
　これは，風邪に似ています。うつも「こころの風邪」なんていわれますが，風邪も，初めは軽めの症状，例えば喉の痛みやだるさなどの症状から始まります。ここで適切に対処をすれば，例えば少し休んだり，薬を飲んだりすれば，風邪まではいかず調子が戻りますが，無茶をして適切な対処をしないと，立派な風邪になってしまう，というわけです。
　つまり，この「落ち込み」に対する「適切 | |

	な対処」さえとれれば,「うつ」にはならずにすむのです。そう,うつは,「予防」できるものなんです。 この授業では,みなさんにうつを予防するための方法をお教えし,実際に練習をしていきたいと思っています。自分は普段からあんまり落ち込まないし関係ないや,と思う人もいるかもしれませんが,例えば風邪でも,普段からうがいや手洗いをすることで日常的に防ぐことができますよね。うつも同じで,「落ち込み」が起きてからはもちろんですが,「落ち込み」を起こす前に日常的に対策をとることで,もしくは対策を知っていることで,よりしっかりと予防ができます。「心の風邪」をひかずに済むに越したことはありません。ぜひ一緒に,「うつ」を予防する方法を練習していければと思います。	
うつになるきっかけと,予防法 (展開2-2：5分)	【以降,下線部を板書】…………	▼落ち込みを持続・悪化させるもの＝うつのきっかけを3つ紹介する。 T2 では,その予防法を教えてもらう前にまず,先程T1先生が言った「落ち込み」に対する「適切でない対処」,つまり,「うつ」に導いてしまう,きっかけとなってしまう事柄について考えたいと思います。 まず,「うつ」の人は責任感が強く頑張り屋さんが多いらしい。だから,1つ目は,<u>自分の状態に気づかずに頑張ってしまう</u>ことで,よりうつに陥っていくと考えられます。自分が落ち込んだ状態にあって,だるかったり,つらかったりするのに,「いやいや疲れたなんて言ってられない」「つらくても頑張らないと」「まだ大丈夫」と無理をしすぎたりすると,ダメージはたまるばかりです。まぁ,うちのクラスはそういうタイプはほとんどいないけど(笑),部活動とかで学年があがるとそうなってきたりするから要注意です。休まなければいけない状態だということに気づかないまま走り続けて,息切れしてしまうわけですね。 次に,先程うつの症状のところでも出てきたけれど,マイナス思考というのも大きいと思います。要は,「<u>ネガティブなことがたくさん思い浮かんでしまう</u>」こと。ひとつひとつのことをネガティブにとらえがちになるということです。ちょっとしたことを悪い方ばかりに考えてしまう状態が続くと,気分もますますめいってしまい,結果的に「うつ」にまでたどり着いてしまいます。こういうマイナス思考はうちのクラスは意外と多い気がす

るから，気を付けてほしいところです。

　あともう1つ，「ネガティブなことを延々と考えてしまう」こともあげられると思います。さっきの2つ目は，ちょっとしたことでネガティブな考え方をしてしまう，というようなものでしたが，これは「ネガティブ思考に浸って抜け出せなくなってしまう」ことです。これは，自分がよくやっちゃう（笑）。1度考え始めると止まらなくなって，他のことが考えられなくなる。それで夜眠れなくなったりっていう経験，みなさんもあるかもなぁと思います。これを繰り返している時の泥沼感はすごいです。なので，これもうつにつながるルートの1つだと思います。

　ということで，以上が落ち込みを持続・悪化させる，「うつ」のきっかけ3つでした。逆にいえば，この3つをしないように，この3つをつぶすような適切な対処ができれば，「うつ」を予防することができる，というわけです。では具体的にどうすればよいかについて，ここからはT1先生に教えてもらいましょう。【以降，机間巡視】

▼それぞれに対応するスキルを紹介する。
【以降，下線部を板書しながら】
T1　はい，では今 T2先生からお話があった3つのきっかけそれぞれに対応した，それぞれをつぶしていく予防スキル3つをご紹介します。

　まず，「自分の状態に気づかずに頑張ってしまう」をつぶすスキルです。これは，「自分の気持ちと考えに気づく」になります。自分がどういう状態なのかということにアンテナをはる，ということです。どういう風に感じていて，どういう風に考えているのか，疲れていないか，つらくないか，そういうことに日頃から気を配れれば，無理をしすぎる前にストップさせることができます。この授業ではこのアンテナのはり方について，一緒に練習をしていきます。

　次に，「ネガティブなことがたくさん思い浮かんでしまう」をつぶすスキルです。これは，「考え方のクセを変える」になります。うつになると，ものの見方にネガティブなクセが出てきがちになります。自分がやりがちな考え方のクセを知っておき，それが出てきてしまった時にそのクセを変えていくことで，ネガティブなことが思い浮かんでもすぐにそれを打ち消すことができます。マイナス思考をプラス思考に，というような無理やりなや

		り方ではなく，それぞれのクセに合わせて，「こういう風にも考えられるのでは」と視野を広げるような変え方をしていきますので，みなさんにもぜひ実践してもらえればと思います。 　最後に，「ネガティブなことを延々と考えてしまう」をつぶすスキルです。これは，シンプルに，「考え込まないようにする」になります。"それができれば世話ないよ"と思うかもしれませんが，みなさんが普段から使っている手法の確認はもちろん，こういう方法もあるよというのをこちらから紹介していきますので，今までの方法ではうまくいかなかった人も，これならという方法が見つかるかもしれません。実際に授業中にいくつかこのスキルを実践していきますので，「考え込まない」ための方法について，一緒に体験をしていきましょう。	
			▼それらを実践することで，うつが予防できることを伝える。 [T2] はい，ありがとうございました。どれも，意外と簡単にできそうな方法だったように思います。でも，この簡単な3つが，落ち込みを持続・悪化させる「うつ」のきっかけに対処するための方法，つまり，3つのうつ予防スキルになります。少し気分が落ち込んだ時，この3つのスキルを使えば「うつ」にならずに食い止めることができますし，日常的にこれらを意識すれば「うつ」を寄せ付けないようにもできるわけです。3つの予防スキルをこの授業でT1先生に教えてもらいながら一緒に練習していきますので，ぜひみんなには覚えてもらって，また日常的にも実践をしてもらって，「うつ」を予防していきましょう。
		（※ここまででわからないことなど質問があれば，受け付ける）	
(2) 自分の気持ちと考えに気づく	スキル①の導入 （導入：－）	【テーマを板書】【プリント配布】【以降，下線部を板書】--------	▼先ほど紹介したうつ予防スキル①「自分の気持ちと考えに気づく」を扱うことを伝える。 [T2] ではさっそく，うつ予防スキルの1つ目，「自分の気持ちと考えに気づく」に入っていきましょう。【以降，机間巡視】
	気持ち・考え・行動のつながり （導入：10分）	▼気持ち・考え・行動のつながりを説明する。 [T1] まずスキルの練習の前に，大事なポイントを確認します。それは，自分の気持ちと考え，そして行動は，すべてつながっているということです。【図を板書】	

（うつ予防スキル①）

p.121参照

　プリントの3つの枠に、「気持ち」「考え」「行動」をそれぞれうめてください。
　さて、これはどういうことかというと、例えば、「33℃の快晴」という状況があったとします。この時、「夏真っ盛り！アウトドア日和！」という風に"考え"たとしたら、きっとその人の"気持ち"は「わくわく」や「楽しい」になって、"行動"は「海に遊びに行く」になるかもしれません。一方、同じ状況でも、「暑すぎる…最悪だ…」と"考え"たとしたら、その人の"気持ち"は「どんより」「暗い」になって、"行動"は「家でクーラーをつけてひきこもる」になるかもしれません。このように、考えと気持ちと行動は循環しています。ですので、例えばうつの人はネガティブに考えやすいという説明をしましたが、この考えの部分がネガティブになると、連動して気持ちもネガティブになって行動もネガティブになって…と、悪循環が形成されてしまいます。一度悪循環が起こるとなかなかそこから抜け出せなくなり、どんどん悪い方悪い方にめぐっていきます。ですので、この考えや気持ちや行動のうち、もしネガティブになりすぎているところがあればそれにいち早く気づくこと、そして悪循環が起きる前にそこから抜け出すことが、うつを予防する上では非常に大事になるのです。その「ネガティブになりすぎているところにいち早く気づく」ために重要になるのが、今回練習する「自分の気持ち、考えに気づく」スキルになります。自分の状態をちゃんと把握するということには、無理をしすぎないためというのはもちろんですが、こうした悪循環に陥らないためという重要な意味もあるのです。

| 気持ち・考え・行動を拾う（展開1-1：10分） | | ▼架空の状況を提示。
▼その状況に置かれた時の、自分の気持ち・考え・行動を拾うワークを行う。
T2 それでは、実際にみなさん自身の気持ちや考えを拾っていく練習をしてみましょう。これから、提示された架空の状況について、みなさんならどういう風な気持ちになり、ど |

第4章 「うつ予防心理教育プログラム」の実践②

ういう風なことを考えるか，そしてどう行動するかということを書き出してもらおうと思います。

考えていただく状況1は，「今日は好きな人と初めて一緒に遊園地へいく日。天気は快晴！」になります。朝，遊園地に行く前，まだ家にいると思ってください。その時の，みなさんの気持ちや考え，行動を想像して書いてみましょう。気持ちについてはばしっとことばで書くのは難しそうなので，色や表情，からだの状態など，書きやすいものから書いてみてみましょう。

【机間巡視】 ▼机間巡視する。

【適宜アドバイス／コメント】 ▼生徒の記入内容を見ながら，適宜アドバイス／コメントする。

【以降，生徒の回答を板書しながら，適宜コメント】 ▼何人かの生徒をあて，回答させる。適宜，生徒の回答について感じたことをフィードバックする。

p.121-122参照

状況1：今日は好きな人と初めて一緒に遊園地へいく日。天気は快晴！

〈気持ち〉
● 色で表わすなら何色だろう？
[   ]

● 表情で表わすならどんな顔だろう？
（隣の吹き出しに描いてみましょう）

● からだの状態はどうなるだろう？
[   ]

● ことばで表わすならどういうことになるだろう？
[   ]

〈考え〉
[   ]

〈行動〉
[   ]

T2 それでは，みなさんがどんなことを書いてくれたかを少し共有したいと思います。こんなことを書いたよ，と教えてくれる人？
【生徒をあてる（※自発的な発言がなければ講師が発表者を決めてあてる）】

生徒 はい。うめられてないところもあるけど…。

T2 いいよ，できたところだけ教えてください。

【板書】 生徒 まず，気持ちは，色がピンク。顔が，目がキラキラしている感じ。からだは，わかりませんでした。ことばは，「ドキドキ」「わくわく」。考えは，「晴れてよかった！楽しみだなぁ」。行動は，「おしゃれめの服を選んで，早めに家を出る」です。

T2 いいね！T1先生どうですか。

85

T1 すごく上手にそれぞれ書けていると思います。からだは，ドキドキのところから，「胸が高鳴る」とかが入るかもしれないね。

T1 （笑）。でも，一番自分の気持ちにフィットすることばを探すのは，大人でも難しかったりしますよ。

【板書】--------------------------------

T1 「((((;ﾟДﾟ)))」かな？
【板書】--------------------------------

T1 こちらもすごく上手にそれぞれ書けていると思います。気持ちについて，ことばが「やばい」だったけど，確かに「やばい」感じは伝わってきたけれど，「緊張」や「不安」みたいなものも感じられたので，そういうことばを足してもいいかな？と思いました。

T2 ああ，確かに。語彙力も課題ですね（笑）。

T2 そう言われたらそうかもしれない，だから色とか顔とかあるんですね。これわかりやすいですもんね。でも全体的に，すごく楽しみに，わくわくしている様子が伝わってきてわかりやすかった。こういう日がくるといいね，○○（笑）。さて，ほかに教えてくれる人はいますか？
生徒 はい。自分は，気持ちが青。顔が，ガクガクしている感じの顔文字。
T2 ガクガク？
生徒 それです（笑）。で，からだが「震えてる」で，ことばが「やばい」。考えは，「この日がきた，どうしよう」。行動は，「時間をいつもより気にする」です。
T2 顔文字わからなかった（笑）。T1先生，こちらはどうですか？

T2 あー，なるほど。より具体的になりますね。ちなみに○○，時間を気にするのは，遅刻しないため？
生徒 そうです。遅れたらやばいから。
T2 おぉ，真剣だな（笑）。全体的に楽しみというよりも不安がかなり優っている様子が見受けられるね（笑）。
生徒 初めてのデートだから，楽しめる余裕とかないかもなぁって（笑）。
T2 緊張しすぎもよくないよ。でも○○の真面目さが出ててすごく納得できる回答だった（笑）。
　（※以降，時間を見ながら，可能ならいろいろな回答が出るようにあて，それぞれ並べて板書する）
▼同じ状況でも回答が異なることを共有する。
T2 さて，今何人かの方に発表をしてもらったけど，さあこれ，黒板ざっと見てもらっ

			て，どうですか，かなりそれぞれ違うのがわかるよね。同じ状況なのに，○○みたいにとても楽しみにしている人もいれば，○○みたいに緊張ばかりの人もいる。このように，状況が同じでも反応は人それぞれになるわけです。誰かにとっては楽しいことも，誰かにとっては不安ばかりということもあるわけで，だからこそ，ひとりひとりが自分の状態に気を配ることが大事になるというところ，ポイントです。 （※ここまででわからないことなど質問があれば，受け付ける）
	本時のまとめ （まとめ：−）		▼本時のまとめ T2 ということで，今日はここまでにしたいと思います。今日は，うつは落ち込みが持続・悪化したものであり，予防できるということを勉強しました。また，うつ予防スキルを3つT1先生に教えてもらい，まず1つ目の「自分の気持ちと考えに気づく」を練習しました。 　次回も引き続き，この「自分の気持ちと考えに気づく」を練習したいと思います。

②第1回授業解説

　以上が，TT版心理教育プログラムの第1回授業の流れです。役割分担は，"うつについて知る"では，実際のうつについての知識の伝達や予防スキルの紹介等は筆者が，生徒たちが持っているうつについての知識やイメージの集約や，うつ予防スキル実践の促し等は教員が，それぞれ行うこととしました。また，"自分の気持ちと考えに気づく"では，ワーク実践の背景となる認知行動療法的な解説やワークの回答についての補足等については筆者が，ワークの実践やその回答の共有等は教員が，それぞれ行うこととしました。いずれも各自の専門性に照らし合わせた分担になっています。なお，そのようにメインの指導者が変わることで解説・実践・共有にメリハリがつくため，生徒の集中力の持続や理解の促進をはかる狙いもあります。

　また，教員がワーク内容の共有を行うことで生徒が普段通りに発言できるようにすることはもちろん，教員だからこそ知り得る普段の生徒の様子やクラスの雰囲気を盛り込んだやりとりを行うことで，生徒が意欲的に参加できるよう教員には工夫を行ってもらいます。その際筆者は板書を行ったり，コメントをして教員や生徒とやりとりを行うなど，授業の進行がスムーズになることはもちろん，授業の雰囲気づくりについても意識するように心掛けます。

❸ 第2回授業

①第2回授業の実施例

　以下に，第2回授業の実施例を示します（表4-7）（pp. 122-125のワークシートも参照）。

表4-7　TT版プログラムの実施例【第2回】

	学習内容	指示・すすめ方（T1：CO）	指示・すすめ方（T2：教員）
⑵自分の気持ちと考えに気づく（うつ予防スキル①）	前回の復習／気持ち・考え・行動を拾う（展開1-2：20分）		▼前回の内容を振り返る。 Ｔ2　前回は，うつの症状について説明し，うつとは落ち込みが持続・悪化したものであり，予防ができるというお話をしました。また，うつ予防スキルを3つ紹介し，さっそく1つ目の「自分の気持ちと考えに気づく」を実践しました。今日は，その続きから入りたいと思います。 ▼2つの架空の状況を提示。その状況に置かれた時の，自分の気持ち・考え・行動を拾うワークを行う。 Ｔ2　プリントは前回の続きを使います。今日は状況2と状況3をまずやってみましょう。それぞれ，「乗りたかった乗り物が2時間待ち」と「"また一緒にこようね"と言ったら"楽しかったけど，人いっぱいでちょっと疲れた"と言われた」という状況になります。前回と同様に，それぞれの状況に遭遇した際のみなさんの気持ちや考え，行動を想像して書いてみましょう。気持ちについてはことばで書くのは難しいこともあるので，色や表情，からだの状態など，書きやすいものから書いてみてください。
		【机間巡視】--------------------	▼机間巡視し，生徒の記入内容を見ながら，適宜アドバイス／コメントする。
		【適宜アドバイス／コメント】-----	
		【以降，生徒の回答を板書しながら，適宜コメント】--------------------	▼何人かの生徒をあて，回答させる。適宜，生徒の回答について感じたことをフィードバックしたり，どうしてそのように回答したのかなどについて内容を深める。 Ｔ2　それでは，みなさんがどんなことを書いてくれたかを少し共有したいと思います。まず状況2について，こんなことを書いたよ，と教えてくれる人？【生徒をあてる（※自発的な発言がなければ講師が発表者を決めてあてる）】
		【板書】--------------------	生徒　はい。まず，気持ちは，色が薄い青。顔は，普通の感じ。からだも，普通。ことばは，「普通」。考えは，「仕方ないから，別の

88

第4章 「うつ予防心理教育プログラム」の実践②

T1 「普通」というのがたくさん出てきたね。

T1 なるほど，気持ちはニュートラルな感じだけど，行動としては前向きな感じだね，次に進むというか。いいと思います。

【板書】--------------------------------

T1 こちらもすごく上手に書けていると思います。気持ちについて，ことばが「えぇー」だったけど，これは考えに近いかもしれない。「ショック」とかがよりぴったりくるかなと思いました。でも，「マジかー」という感じはとても伝わってきたよ（笑）。

T1 人気の遊園地は本当にそれくらい待つもんね。体験談も交えての回答だったんだね（笑）。

【板書】--------------------------------

に乗ろう」。行動は，「相手と相談して，別の乗り物に乗る」です。
T2 いいね。T1先生どうですか。

生徒 なんか，うまく表現できなかったけど，そんなに上がりも下がりもしない感じ。「無」みたいな（笑）。確かに嫌だけど，別のに乗って時間を有効活用すればいいかなって。

T2 次にいくっていうのが○○らしいな（笑）。さて，ほかに教えてくれる人はいますか？
生徒 はい。自分も，気持ちは青。顔は白目（笑）。からだが「ずーんとなる」で，ことばが「えぇー」。考えは，「なんでーマジかー」。行動は，「そこに立ち尽くす」です。
T2 立ち尽くすのか（笑）。T1先生，どうですか？

生徒 2時間は本当長い！（笑）。ほかに行ってもいいけどほかも混んでるし…。△△に行った時かなり疲れた。

T2 確かに，実感こもってたな（笑）。
（※以降，時間を見ながら，可能ならいろいろな回答が出るようにあて，それぞれ並べて板書する）
T2 じゃあ次に，状況3にいきましょう。発表してくれる人？【生徒をあてる（※自発的な発言がなければ講師が発表者を決めてあてる）】
生徒 はい。気持ちは，色が黒。顔が，しょんぼりしてる感じ。からだは「重くなる」で，ことばは「がっくり」。考えは，「疲れちゃったのか…楽しくなかったのかも，どうしよう」です。
T2 わかりやすくていいんじゃないかな。T1先生，どうですか？

89

T1　すごく上手にそれぞれを書けていますね，いいですね。でも，なんかすごくショックな感じだね。

生徒　だって，1日の感想が疲れたとか…凹む（笑）。

T2　確かに…でも遊園地って，基本的に楽しいけど疲れるかも？

生徒　まぁ，それは確かに。でも今言う？みたいな。

T2　それはあるな（笑）。自分も，凹むかもしれない…（笑）。では，ほかに教えてくれる人？

【板書】

生徒　はい。気持ちは，色がレインボー！顔が，にこにこ。からだは「ふわふわしてる」で，ことばは「嬉しい！ハッピー！」。考えは，「向こうも楽しくてよかった！次はどこに誘おうかなぁ」で，行動は「手をつないでみる」です。

T2　プラス思考が○○らしい！（笑）。T1先生，どうですか？

T1　とても上手にそれぞれ書けてるし，とってもハッピーな様子が伝わってきた！（笑）。レインボーっていいね。

T2　幸せ感が伝わりますね。

生徒　嬉しくてカラフルになっている感じ！でも，今の前の人の聞いて，疲れたって言われたら凹む人もいるんだって思った。自分は楽しかったって言われて舞い上がって単純（笑）。

T1　いや，すごくいいと思うよ。勢いで手つなげちゃうほどなのが素敵（笑）。

生徒　想像だからできる！リアルなら多分無理！（笑）。

T1　（笑）素敵な想像だったと思うよ。

T2　叶うといいな（笑）。

生徒　（笑）

▼同じ状況でも回答が異なることを共有する。

T2　さて，今何人かの方に発表をしていただきました。みんなそれぞれ個性的に（笑），自分の状態について拾えていたと思います。さあこれ，黒板ざっと見てもらって，どうかな，前回もそうだったけれど，かなり今回も1つの状況に対していろいろな気持ちや考えになっていることがわかると思います。"乗り物が2時間待ち"という状況でも，「次，次」と切り替える人もいれば「嫌だー」となる人もいて，そして"今日は楽しかったけど，疲れた"と言われたことに対して，"疲れた"に注目してショックを受ける人もいれば，

第4章 「うつ予防心理教育プログラム」の実践②

			"楽しかった" に着目してハッピーになる人もいるんですね。
	スキル①のまとめと補足（まとめ：5分）	▼まとめ T1 ここからわかるのは，ある状況に対して人が抱く気持ち，考えというのは，本当に人それぞれということです。なので，前回も言いましたが，誰かにとっては楽しいことも，誰かにとっては不安ばかりということもあるわけで，つまり，誰かにとっては平気なことも，誰かにとってはうつのきっかけになったりもするのです。だからこそ，ひとりひとりが自分の状態に気を配ることが大事といえます。今回練習した「自分の気持ちと考えに気づく」スキルをぜひ日常的に実践して，自分の状態をしっかり把握し，うつ予防をしていただけたらと思います。 ▼筋弛緩法（リラクゼーション）を行う。 T1 ということで，以上がうつ予防スキルの1つ目になります。字をたくさん書いて疲れたと思うので，ちょっとからだをリラックスさせましょう。【リラクゼーション実施】	
(3)考え方のクセを変える（うつ予防スキル②）	スキル②の導入（導入：一）	【テーマを板書】【プリント配布】【以降，下線部を板書】--------------------	▼本授業ではうつ予防スキル②「考え方のクセを変える」を扱うことを伝える。 T2 では，少しリラックスしたところで次のテーマに入っていきたいと思います。うつ予防スキルの2つ目，「考え方のクセを変える」をこれからやっていきます。【以降，机間巡視】
	考え方のクセを知る（展開1-1：15分）	▼考え方のクセを紹介する。 T1 前回，考えと気持ちと行動はつながっているという話をしましたが，ネガティブな考えはそのつながりを悪い方に，悪循環に導くものです。ひいてはそれが「うつ」へとつながっていきます。ですので，そのネガティブな考えにいち早く気づき，クセを取り払って変えていこう，というのがこの「考え方のクセを変える」スキルになります。 　さて，ネガティブな考えには，人それぞれにやりがちなクセがあります。今回の授業ではまず，多くの人がやりがちな考え方のクセを5つ紹介しますので，自分がやりがちなものはないか，チェックをしてみてください。自分がやりがちな，ネガティブな考え方のクセを知っておくことが，この予防法の第一歩になります。 T1 では，ひとつひとつ紹介していきます。今回は，「ネガティブ戦隊うつレンジャー」という，地球を絶対に任せたくない逆にワ	

91

イルドなレンジャーになぞらえて紹介をしていきます。それぞれのレンジャーが、こういう場面でこういう風に考えがちである、ということを説明した上で、各レンジャーが持つ別々の考え方のクセを紹介します。みなさんは、先ほども言ったように、自分はどの考え方のクセをしがちだろうか、どのレンジャーに近いだろうかと思いながら聞いてください。それぞれの考え方のクセは板書しますので、プリントにうめていってくださいね。
【以降、下線部を板書】
　まず、1人目レッド。彼は、例えばこういう状況でこのように考えます。

「優勝じゃなければ意味がない」というところに、かたさがあります。レッドは、優勝でなければ無意味、という両極端な、「間の価値をスルーする」クセを持っているといえます。この考え方のクセを、「白」「黒」でしか考えられないということで、<u>白黒思考</u>と呼びます。白と黒の間にはいろんな濃さの灰色がありますし、優勝手前の準優勝にもとても意味があります。プロセスや間の価値を見出せなくなってしまうのが、このクセの特徴です。
　2人目、ブルー。彼は、例えばこういう状況でこういう風に考えます。

数学の40点、つまり悪いところにばかり目が行ってしまい、国語の100点といういいところが見えていません。このように、ブルーは自分がダメだなあ、苦手だなあと感じる悪い面ばかりしか見ず、あるかもしれない「いい面を無視してしまう」というクセを持っています。この考え方のクセを、<u>部分焦点化</u>といいます。クロール得意、平泳ぎ得意、バタフライできない、で、水泳苦手、というようなものですね。できていること、よいところに目がいかなくなってしまうのが、このクセの特徴です。
　3人目、ピンク。彼女は、こういう状況でこういう風に考えます。

第 4 章 「うつ予防心理教育プログラム」の実践②

> 3)
> 状況：好きな人に告白してふられたピンク。
> ピンクの考え：「今回ふられた。きっと次もふられる。私に恋人なんかできないんだ」
>
> そう，自分は無限の可能性を信じられない…。
> 可能性を縮める，「また同じ結果になるんジャー」なのだ。

p.124参照

　たった1度告白した結果が悪かっただけなのに，「もう恋人なんかできない」と思ってしまうところにピンクの考え方のクセがあります。1度のことが全部にあてはまる，次はこうなるかもしれないと可能性を信じられなくなってしまう，こんな「また同じ結果になる」と思い込むクセを，「極端な一般化」と呼びます。1度失敗したから次も必ず失敗するかといえばそうじゃないですし，もっといえば99度失敗したから次も必ず失敗するわけではありません。自分自身や出来事の可能性を自ら閉ざすような考え方をしてしまうのが，このクセの特徴です。

　4人目，グリーン。彼は，こういう状況でこういう風に考えます。

> 4)
> 状況：いつも笑顔で挨拶してくれる友達が，今日は無表情で声をかけられないオーラ。
> グリーンの考え：「自分が何かしたからかな…」
>
> そう，自分は何でもかんでも自分のせいだと思ってしまう…。
> 自分を巻き込みすぎな，「全部私のせいなんジャー」なのだ。

p.124参照

　友達が声をかけられないオーラなのは，昨日友達とケンカしたとか，朝寝ぼけて足の小指を打ったとか，そういうことが原因かもしれません。でもそう考えられずに「自分のせいだ」と思ってしまう，そこにグリーンのクセがあります。このような，何でもかんでも自分に引き付けて「全部私のせいだ」と考えるクセを，「自己関連付け」といいます。なんだか周りの人が不機嫌だと自分が何かしたから…？とものすごく考えてしまったり，誰かがケガをしたらこれまた自分があれをしそびれたせい…？と自分の行動を振り返ってしまったり，もちろん本当に心当たりがある場合はまた話は別ですが，まったく関係ないし心当たりもないのにそう考えてしまうのが，このクセの特徴です。

　最後に5人目，イエロー。彼はこういう状況でこういう風に考えます。

> 5)
> (ある日)
> 状況：すれ違ったのに，先輩が声をかけてくれなかった。
> イエローの考え：「嫌われてる…！！」
> (またある日)
> 状況：明日は遊園地でデート。
> イエローの考え：「すっぽかされるかも。ふられるかも。うまくいかないんだろうな…」
>
> そう，自分は"なんとなく"ネガティブに考える…。
> 根拠に乏しい，「思い込んじゃうんジャー」なのだ。

p.125参照

　1つ目も2つ目も，特に根拠はないのに悪い方悪い方に考えていますが，ここにイエ

ローの考え方のクセがあります。声をかけて
くれなかったのは単に気づかなかったからか
もしれないですし，ちゃんと約束しているの
だからよほどのことがなければすっぽかされ
る可能性の方が低いといえます。なのに，な
んとなくネガティブに考えてしまう，悪い方
に「思い込んでしまう」，そういう考え方の
クセを「根拠のない決めつけ」と呼びます。
この「根拠のない決めつけ」には種類があり，
1つ目のように「あの人はこう思っている」
と勝手に人の気持ちや心の内を読んでしまう
ような決めつけを「読心術」，2つ目のよう
に「明日はこうなる」「うまくいかない」と
勝手に未来のことを読むような決めつけを
「予言」といいます。いずれも，確固たる根
拠なしに「こうなるんだ」と信じ込んでしま
うというところが特徴といえます。
T1　さて，以上5人のうつレンジャーと5
つの考え方のクセを紹介しました。これらの
どれもが，落ち込みを悪化させるものです。
自分自身がやりがちなクセはありましたか？
あったよーという人は，プリントの横に何か
チェックをつけておいてください。自分に多
いクセを知っておけば，仮に落ち込んでネガ
ティブな考え方をしがちになっても，「あ，
またやってしまっている」といち早く気づく
ことができます。気づくことができれば，そ
れを変えることもしやすくなります。今日い
くつか見つけた人は，ぜひ覚えておいてくだ
さい。
　逆に，1つもなかった，という人もいるか
もしれません。その人は，普段から落ち込み
を悪化させないような，クセのない考え方が
できているということだと思います。ただし，
重めのストレスがかかると普段は出ないクセ
が出始めることもあるので，紹介したクセを
頭の隅に置いておき，もし出てきた時には気
づけるようにしてほしいと思います。

考え方のク		▼架空事例における3つの考えをとりあげる。
セに気づく		T2　ということで，ここまでT1先生が説
（展開1-2		明してくれましたが，紹介されるだけだとなか
：10分）		なか頭に入らないこともありますよね。と
		いうことで，みなさんにクセのバリエーショ
		ンを消化してもらうために，今から3つ，状
		況を提示します。その3つの状況は，先ほど
		紹介した5つの考え方のクセのうちのどれか
		にあてはまっていますので，みなさんにはそ
		れぞれどのクセが入っているかということを
		考えてもらいたいと思います。

第4章 「うつ予防心理教育プログラム」の実践②

【机間巡視】………………………………	▼机間巡視する。
【適宜アドバイス／コメント】…………………	▼生徒の記入内容を見ながら，適宜アドバイス／コメントする。
【以降，生徒の回答を板書しながら，適宜コメント】………………………………	▼何人かの生徒に答えさせる。適宜，どのようなところからそのクセを選んだかを尋ね，クセの特徴を共有する。

T2 それでは，何人かの人にどうあてはめたか教えてもらいましょう。まず1つ目，教えてください。【生徒をあてる（※列などで発表者を決めてあてる）】

✿ 考え方のクセに気づく練習をしよう。
● 状況1：試験前。
考え：「絶対うまくいきっこない」

＝当てはまる考え方のクセ：

p.125参照

【板書】………………………………

生徒 はい。「根拠のない決めつけ」にしました。
T2 どういうところからそれを選んだかな？
生徒 試験は始まってないのに，うまくいかないって決めてるところ。「予言」？
T2 なるほど。T1先生どうですか？

T1 いいですね，確かに根拠なく決めつけています。「根拠のない決めつけ」の「予言」があてはまりますね。

【板書】………………………………

生徒 先生，自分は「極端な一般化」にしました。

T1 どういうところからそのクセにしたの？

生徒 いつもうまくいかないから，今回も，っていう感じで。
T2 自分の経験か？（笑）

T1 なるほどね，この状況前後の情報がここには載っていないけど，そういう流れがあれば確かに「極端な一般化」もあてはまるかもしれないね。いいと思います。

（※他の回答があれば，確認する）
T2 では，2つ目教えてください。【生徒をあてる】

● 状況2：試験後。10問中，2問解けない問題があった。
考え：「2問もわからなかった。もうこれはダメだわ」

＝当てはまる考え方のクセ：

p.125参照

【板書】………………………………

生徒 はい。「部分焦点化」だと思いました。
T2 どういうところからそれを選んだかな？
生徒 8問はできてるのに，解けなかった2問にばかり注目しているあたりです。
T2 なるほど，いいじゃないかな。T1先生どうですか？

95

		T1 ばっちりですね，その通りです。10問中8問もできているということについては目をやらず，2問できなかったという悪い面ばかり見ています。「部分焦点化」があてはまりますね。	（※他の回答があれば，確認する） T2 では，3つ目教えてください。【生徒をあてる】
			●状況3：試験返却後。80点を獲得。 考え：「100点じゃなきゃ意味ないのにっ！ ひどい点数とっちゃった…」 ＝当てはまる考え方のクセ：
		［p.125参照］ 【板書】	生徒 はい。「白黒思考」かなと思いました。 T2 どういうところからそれを選んだかな？ 生徒 100点じゃなきゃ意味がない，というところ。80点でも十分いい点だし！（笑）。そんなにとれない（笑）。 T2 魂の叫び（笑）。もっと頑張れ！（笑）。T1先生，これは？
		T1 確かに80点はいい点数だよね（笑）。それをとれているのに100点じゃなければ意味がない，と極端な考え方をしています。このクセは「白黒思考」にあてはまりますね。	（※他の回答があれば，確認する）
	スキル②の途中までのまとめ（まとめ：-）		▼本時のまとめ T2 ということで，今日はここまでにしたいと思います。今日は，「自分の気持ちと考えに気づく」スキルの復習の後，「白黒思考」「部分焦点化」「極端な一般化」「自己関連付け」「根拠のない決めつけ（読心術・予言）」の5つの考え方のクセを紹介しました。まずは，自分がやりがちな考え方のクセを把握することが大切ですので，どうぞ覚えておいてください。次回はこのクセを元に，それらを「変える」という2つ目の予防スキルの実践を行います。

②第2回授業解説

　以上が，TT版心理教育プログラムの第2回授業の流れになります。役割分担は，"自分の気持ちと考えに気づく"では，ワークの回答についての補足と1つ目の予防スキルのまとめ等は筆者が，復習となるワークの実践やその回答の共有等は教員が，それぞれ行うこととしました。"考え方のクセを変える"では，認知の歪みの解説等は筆者が，テーマ導入や認知の歪みについてのクイズ，その回答の共有等は教員が，それぞれ行うことにしています。

　授業がすすむにつれて専門的な内容も増えてくるため，その解説を受けた生徒が内容を

第4章　「うつ予防心理教育プログラム」の実践②

消化していく場面での授業者のアプローチは，内容理解の深化の程度に重要な影響を与えると考えます。教員がワーク内容の共有を行うことで，教員だからこそ知り得る普段の生徒の様子やクラスの雰囲気を盛り込んだやりとりが可能となり，より生徒が内容を身近にとらえ，印象に残ったり頭に入りやすくなることが想定されますが，この点において，教員がメインの授業者となる効果が発揮されると考えます。また同時に，この際に心理の専門家として筆者がコメントを挟んだりまとめを行うことで，よりメリハリのついた展開が可能になるといえるでしょう。

❹　第3回授業

①第3回授業の実施例

　以下に，第3回授業の実施例を示します（表4-8）。（pp. 126-129 のワークシートも参照）

表4-8　TT版プログラムの実施例【第3回】

	学習内容	指示・すすめ方（T1：CO）	指示・すすめ方（T2：教員）
⑶ 考え方のクセを変える（うつ予防スキル②）	前回の復習／考え方のクセのヒントを元に，考え方を変える（展開2：25分）		▼前回の内容を振り返る。 T2 前回は，うつ予防スキルの1つ目「自分の気持ちと考えに気づく」の復習をした後に，うつ予防スキルの2つ目「考え方のクセを変える」に入り，まず5つの考え方のクセを紹介して，自分がやりがちなクセを探してもらいました。今日は，その5つのクセを元に，実際に「考え方のクセを変える」の実践をしたいと思います。
		【プリント配布】 ------------------	
		▼紹介した5つの考え方のクセのそれぞれについて，そのクセから抜け出すヒントを紹介する。 T1 お配りしたプリントに，前回と同じ，ネガティブ戦隊うつレンジャーの考えを載せてありますが，今回はそれぞれの考え方のクセを変えていくためのヒントも一緒に載せました。今日はまず，そのヒントをみなさんと確認していきたいと思います。プリントを見てみてください。 　まず，レッドの考え方のクセ，「白黒思考」を変えるためのヒント。白黒思考は，両極端で，間の価値をスルーしてしまうというところが特徴でした。ですので，変えていくポイントはその部分にあります。つまり，極端ではない，間の価値も大事に拾い上げるような考え方に変えていければいいのです。これが，白黒思考を変えていくヒント・視点になります。	

次に、ブルーの考え方のクセ、「部分焦点化」を変えるためのヒント。部分焦点化は、悪いところばかり見てしまうような視野の狭さがあり、いい面を無視してしまうというところが特徴でした。ですので、変えていくポイントはその部分にあります。つまり、視野を広く持ち、いい面もちゃんと見出していくような考え方に変えていければいいのです。これが、部分焦点化を変えていくヒント・視点になります。

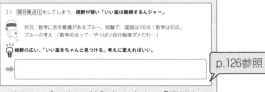

次に、ピンクの考え方のクセ、「極端な一般化」を変えるためのヒント。極端な一般化は、今後の可能性を自ら縮めてしまうような、「どうせまた同じだ」というような考えになってしまうところが特徴でした。ですので、変えていくポイントはその部分にあります。つまり、どうなるかわからないと可能性を広く持つ、「今度は違うかもしれない」「まだわからない」というような考え方に変えていければいいのです。これが、極端な一般化を変えていくヒント・視点になります。

次に、グリーンの考え方のクセ、「自己関連付け」を変えるためのヒント。自己関連付けは、いろんなことに自分を巻き込んでしまうというところが特徴でした。ですので、変えていくポイントはその部分にあります。つまり、自分を巻き込まず、関連付けずに、「自分以外に理由があるかもしれない」「他に理由があるかもしれない」というような考え方に変えていければいいのです。これが、自己関連付けを変えていくヒント・視点になります。

第4章 「うつ予防心理教育プログラム」の実践②

最後に、イエローの考え方のクセ、「根拠のない決めつけ」を変えるためのヒント。根拠のない決めつけは、相手の考えや未来のことについて、根拠はそれほどないにもかかわらず「こうだ」「こうなる」と決めつけて思い込んでしまうというところが特徴でした。ですので、変えていくポイントはその部分にあります。つまり、根拠がないんだというところを意識し、「こうかもしれない」「こうなるかもしれない」と別の可能性を見出していくような考え方に変えていければいいのです。これが、根拠のない決めつけを変えていくヒント・視点になります。

【机間巡視】
【適宜アドバイス／コメント】

【以降、生徒の回答を板書しながら、適宜コメント】

▼紹介したヒントを元に、どのように考え方が変えられそうか、考えてもらう。

T2 ということで、ここまでが、それぞれの考え方のクセを変えるためのヒントでした。それでは今から、実際に、これらのヒントを参考にして、みなさんに各レンジャーの考え方のクセを変えていってもらおうと思います。ただ楽観的に考える、というだけでは、なかなかネガティブ思考は変えられません。そうではなく、これらの考え方のクセの特徴を踏まえて思考を変えることで、より自分もしっくりくる、現実的な考えになっていきます。では、練習してみましょう。

▼何人かの生徒に答えさせる。適宜、生徒の回答について触れ、どの考え方のクセが含まれていると考えたのか、そしてそれをどのように変えたのか等、内容について深めながら共有をする。

T2 それでは、何人かの人にどうあてはめたか教えてもらいましょう。まずレッドの白

99

黒思考，どのように変えたか教えてください。

【生徒をあてる（※列などで発表者を決めてあてる）】

生徒　はい。「準優勝でも十分すごい。今までのことがあってここまでこれた」にしました。

T2　なるほど，いいんじゃないかな。どのあたりに注目して変えましたか？

生徒　優勝じゃなきゃ意味がない，というところが極端だから，そこを，準優勝でも意味がある，という風にしました。

T2　うん，いいね。T1先生，どうですか？

【板書】

T2　いいですね。優勝か優勝じゃないかではなく，間の準優勝の価値を拾い上げてくれたんだね。後半の，「今までのことがあってここまでこれた」というのも，「これまでのことは無駄だった」という極端な考えをやわらげて価値を見出していて，すごくいいなと思いました。

【板書】

T2　では，もう1人聞いてみようかな。

生徒　はい。「準優勝も悪くない。次は優勝を目指すぞ！」

T2　なるほど，これもいい。どのあたりに注目して変えましたか？

生徒　やっぱり，その準優勝も意味があるっていうところですね。あと，今回だけじゃないしっていう。

T2　T1先生？

T1　とても的確だし，後半の「次も頑張ろう」っていう前向きさもすごくいいね。2人とも，とても上手に考え方のクセを変えられていると思います。

【板書】

T2　では次に，ブルーの部分焦点化をどのように変えたか教えてください。

生徒　はい。「国語は満点だし，自分すごい！次は数学をもっと頑張る」にしました。

T2　なるほど，いいね。どのあたりに注目して変えましたか？

生徒　やっぱり，国語が満点てすごいと思うから，そこは自分で自分をほめればいいかなって（笑）。

T2　うん，いいね，その通りだと思う。T1先生，どうですか？

【板書】

T1　納得がいかなかった数学の点数だけでなく，すごくよかった国語について評価して，ほめたんだね。後半，数学を諦めるわけじゃなくて次頑張ろうって思っているのもすごく前向きでいいなと思いました。

（※時間を見て，もう何人か聞く）

第4章　「うつ予防心理教育プログラム」の実践②

	【板書】…………………………	T2　では次に，ピンクの極端な一般化をどのように変えたか教えてください。
		生徒　はい。「次がある！きっともっと素敵な人がいる！」にしました。
		T2　なるほど，いいね。どのあたりに注目して変えましたか？
		生徒　今回はダメだったけど，次がある，っていうか，むしろもっといい人見つけてやる！っていう気合い（笑）。
		T2　なんだろう，その意気込みがすごく△△らしい（笑）。T1先生，どうですか？
	T1　とってもいいね，今後に向けて，閉じるんじゃなく開けるような前向きな考えだね。	
		生徒　すぐは無理かもだけど，ずっと引きずるよりそう思って行動した方が絶対いい。
	T1　そうだね，極端な一般化の考え方だと何も変わらないからね。クセを変えれば，考えだけじゃなく，行動も前向きになってくるかもしれないもんね。	
		（※時間を見て，もう何人か聞く）
		T2　では次に，グリーンの自己関連付けをどのように変えたか教えてください。
	【板書】…………………………	生徒　はい。「何かあったのかな。あとで話を聞いてみよう」にしました。
		T2　なるほど，いいね。どのあたりに注目して変えましたか？
		生徒　自分が何かしたとかじゃなく，何かあったのかもしれないって思うようにする感じです。
		T2　T1先生？
	T1　はい，いいと思います。自分を巻き込まずに状況を見てみるということですね。実際に自分に心当たりがあったら別だけどね（笑）。そして後半，考えるだけじゃなくて後で話を聞くという具体的な動きが出てていいなと思いました。	
		（※時間を見て，もう何人か聞く）
		T2　では最後に，イエローの根拠のない決めつけをどのように変えたか教えてください。
	【板書】…………………………	生徒　はい。読心術の方が「急いでて気づかなかったのかも」にしました。予言の方は「うまくいけばつきあえるかもしれないし，とりあえずいい方に考えよう」にしました。
		T2　なるほど，いいね。それぞれどのあたりに注目して変えましたか？
		生徒　両方とも，悪い思い込みをしないように，いいように考えるというか，少なくとも悪いようには考えないようにするというか。
		T2　うん，よさそう。T1先生，どうですか？
	T1　いいですね。今後に向けて，根拠に乏しい悪い思い込みをやめる感じの考えだね。	（※時間を見て，もう何人か聞く）

101

| 気持ち・考えを拾い,考え方を変える（展開3：20分） | 【プリント配布】 …………… | ▼架空の状況における気持ち・考えを拾う（スキル①の復習もかねて）。
T2 みなさんそれぞれ,とてもよく考え方のクセを変えられていたと思います。では,今度は自分の考えで同じことを練習してみましょう。今からプリントを配りますので,まず,そこに書かれている状況になった際の自分の気持ちや考えを書き出してみてください。これは,一番最初にやった1つ目の予防スキル「自分の気持ちと考えに気づく」の復習です。 |
| | 【机間巡視】 ……………
【以降, 適宜アドバイス／コメント】…………… | |

p.128参照

▼その考えにおけるクセを探し,ヒントを使って考え方を変える練習をする。

　そこまで書けたら,次は自分が書いた考えに注目して,そこに何かしらのクセがないかを確認してみてください。もしあてはまるクセが隠れていたら,先ほどレンジャーたちの考えを変えた時のヒントも参考にしながら,実際に考え方のクセを変えてみてください。クセがなかった人は,そのままでいいです。

　自分の考え方のクセを変えることができた人は,最後に,そのように考え方を変えた時の,自分の気持ちを再度拾ってみてください。何か,変化はあったでしょうか。

p.128-129参照

第4章 「うつ予防心理教育プログラム」の実践②

【以降，生徒の回答を板書しながら，適宜コメント】

【板書】

【板書】

T1 すごくいいですね。的確だと思います。じゃあ，その白黒思考を変えたものを教えてください。

【板書】

T1 いいですね！両方のクセを上手に変えられていると思います。では，そのように考えを変えた時の，改めての自分の気持ちはどうなりましたか？

【板書】

T1 うんうん，なるほど，黒くてずーんとした気持ちが少し薄まって落ち着いたということだね。とてもよかったと思います。

【板書】

▼何人かの生徒に答えさせる。適宜，生徒の回答について触れ，どの考え方のクセが含まれていると考えたのか，そしてそれをどのように変えたのか等，内容について深めながら共有をする。

T2 それでは，みなさんがどんなことを書いてくれたかを少し共有したいと思います。こんなことを書いたよ，と教えてくれる人？
【生徒をあてる（※自発的な発言がなければ講師が発表者を決めてあてる）】

生徒 はい。まず，気持ちは，色が黒。顔は，茫然とした感じ。からだは，重い。ことばは，「ショック」「悲しい」。考えは，「ダメな匂いがぷんぷんする，これはダメだ，脈なしだ」です。

T2 かなりショックを受けているね。でも，上手に分けられていると思います。さて，その考えのなかには，クセが含まれていましたか？

生徒 わからないけど，多分白黒思考と根拠のない決めつけが入ってるかなって。「これはダメだ」「脈なしだ」っていうのが極端だし，相手の回答を勝手に想像しているから。

T2 なるほど。T1先生，どうですか？

生徒 「考えてくれるということは，可能性はゼロじゃないかもしれない。ひとまず返事を待とう」にしました。

生徒 色は，薄いグレー。顔は，わかりませんでした，普通の感じ。からだは，少し心臓がどきどき。ことばは，「落ち着きを取り戻す」です。

T2 本当，的確だったと思います。さて，ほかに教えてくれる人はいますか？

生徒 はい。まず，気持ちは，色がピンク。顔は，期待している感じ。からだは，少しドキドキ。ことばは，「ドキドキ」「そわそわ」。考えは，「早く返事が聞きたいな」です。

T2 なるほど，そわそわ待ちきれない感じなんだね。さて，その考えのなかには，クセ

103

		が含まれていましたか？ 生徒　多分，ないと思う。 Ｔ２　なるほどなるほど。T1先生？
	Ｔ１　そうだね。決めつけたりも思い込んだりもしていないし，期待に胸ふくらませて待っているんだもんね。クセは入っていないと思います。	（※以降，時間を見ながらいろいろな回答が出るようにあと１〜２人あて，それぞれ並べて板書する） ▼考え方を変えたことによって気分も変わることを共有する。 ▼ポジティブにもネガティブにもとれる事例なので，クセがなかった場合にはそれでいい旨を伝える。 Ｔ２　さて，今何人かの方に発表をしてもらいました。みなさんとても上手に自分の状態について拾い，考え方のクセを探し，そしてクセをうまく変えられていたと思います。さあこれ，黒板ざっと見てもらって，どうかな，やっぱり前もそうだったけど，今回も１つの状況に対してかなりいろいろな気持ちや考えになっているよね。クセが入るようなネガティブな考え方をしてしまう人もいれば，クセのないニュートラルな考え方をしている人もいます。この事例自体は，ポジティブにもネガティブにもとれる事例なので，クセがなかった人は比較的ネガティブになりづらい考え方が普段からできているのだと思うので，それを続けられるようにしてください。逆にクセがあった人も，みなさん上手にそれぞれのクセを変えられていましたので，また同じようなネガティブな考え方をしてしまったとしても，これができれば大丈夫だと思います。 　そしてもう１つ，共有したいのは，この考え方のクセを変えた後の気持ちに注目してほしいのですが，最初とは少し，変わっているよね。劇的な変化がある人もいれば色が薄まるくらいの人もいるけれど，いずれにしても気持ちが大なり小なりいい方向へ変わっています。そうなんです，「考え」を変えると，このように「気持ち」が変わるんです。考えと気持ちにはつながりがあるよーという話を少し前にしましたが，その循環がいい方にすすんだということです。
スキル②のまとめ（まとめ：5分）	▼まとめ Ｔ１　ネガティブな考え方のクセは，気持ちもネガティブに導きます。今回練習したうつ予防スキルの２つ目，「考え方のクセを変え	

第4章　「うつ予防心理教育プログラム」の実践②

		る」を普段から意識することで，少し考えがネガティブになってしまってもいち早く気づいてクセを変え，連動して気持ちがネガティブになることを予防し，ひいてはうつも予防してもらえればと思います。普段からクセが出がちという人はもちろん，それぞれのクセを普段からあまりしないなぁという人や，最後のワークでクセが考えに含まれていなかった人も，大きなストレスにさらされたりするとこうしたクセが出てきてしまうことがありますので，今回紹介したクセは頭の隅に置いておいてください。そして，もしそのクセが出てくるような場面がきた時には，ヒントを使ってそこから抜け出してみてくださいね。 ▼筋弛緩法（リラクゼーション）を行う。 ▼気分が悪くなった人がいれば，講師や担任に遠慮なく伝えてほしい旨伝える。 T1　ということで，以上がうつ予防スキルの2つ目でした。いろいろ考えたりして疲れたと思うので，ちょっとからだをリラックスさせましょう。また，もし考えすぎて嫌な気持ちになってしまったという人がいたら，今でも授業後でもいいので，遠慮なく私や担任の先生に伝えてください。【リラクゼーション実施】	

②第3回授業解説

　以上が，TT版心理教育プログラムの第3回授業の流れです。役割分担は，各認知の歪みを修正していくヒントの解説と2つ目の予防スキルのまとめは筆者が，それ以外の，それらを応用して実際に思考を修正するワークやその回答の共有等については教員が，それぞれ行うこととしました。

　第3回の授業内容は認知の再構成がテーマとなっており，難易度が高めの，かつ講義形式で淡々と進みやすい授業になりがちです。可能な限り説明の時間を短くし，後半のワークとその共有に時間を割くこと，その際に教員によって多くの生徒の意見を引き出してもらい，生徒に自分との比較や「そういう考え方もあるんだ」ということを十分に知ってもらうことを目指します。筆者はそれらを板書にまとめ，生徒らが発表者の回答を聞きながらそれを見ることで，比較や多様性により気づきを得られるよう，工夫します。また，心理の専門家として発表にコメントを挟むことで，生徒の回答の視野を広げたり，より柔軟な思考についてアドバイスをし，生徒らの理解の幅を広げることも目指します。

5 第4回授業

①第4回授業の実施例

以下に，第4回授業の実施例を示します（表4-9）（pp. 130-132のワークシートも参照）。

表4-9　TT版プログラムの実施例【第4回】

	学習内容	指示・すすめ方（T1：CO）	指示・すすめ方（T2：教員）
⑷ 考え込まないようにする（うつ予防スキル③）	前回の復習／本時の内容（導入：一）	【テーマを板書】【プリント配布】 【以降，下線部を板書】	▼前回の内容を振り返る。 ▼本授業ではうつ予防スキル③「考え込まないようにする」を扱うことを伝える。 T2 前回は，うつ予防スキルの2つ目，「考え方のクセを変える」を練習しました。今日は，うつ予防スキルの3つ目，「考え込まないようにする」を実践したいと思います。これは，「ネガティブなことを延々と考えてしまう」といううつのきっかけをつぶすためのスキルになります。
	自分が持っている考え込まない方法（展開1-1：10分）	【机間巡視】 【以降，適宜アドバイス/コメント】 【以降，生徒の回答を板書しながら，適宜コメント】 【板書】 【板書】 【板書】 【板書】	▼自分自身が普段実践している気晴らし法（＝考え込まないための方法）を整理する。 T2 まずは，みなさんが普段から実践している，考え込まないようにするための方法，考え事から抜け出せそうな方法を書き出してみましょう。 ▼何人かの生徒に答えさせる。 T2 それでは，何人かの人にどんな方法を書いたか教えてもらいましょう。【生徒をあてる（※列などで発表者を決めてあてる）】 生徒 寝る（笑）。 T2 あー，いいよね，寝るとすっきりするよね。寝ようとして考え事をしちゃうってことはない？ 生徒 気づいたら寝てる（笑）。 T2 それは有効だね（笑）。授業中は寝るなよ（笑）。 生徒 スポーツ！走ったりすると，無心になれる。 T2 △△はサッカー部だし，ぴったりだな。からだを動かすと頭がしゃきっとしたりするよね。 生徒 好きな音楽を聴く。その時の気分にあったもの。落ち込んだ時は元気な曲を聴く。 T2 なるほど，いいね，気分をあげてくれるし，音楽に入り込めるよね。 生徒 ペットと遊ぶ。可愛くて，気づいたら嫌なこと忘れてる（笑）。

106

		T2 それ素敵だね！動物はかなり癒し効果もあるしね，気持ちが穏やかになっていいと思います。 （※以降，時間を見ながらいろいろな回答が出るようにたくさんの生徒をあて，それぞれ板書する） T2 今，たくさんの人にみなさんが普段からやっている「考え込まないようにする」ために使えそうな方法を教えてもらいました。これらは，今すでにみなさんが持っている大事な方法なので，そのままストックして，実際にネガティブなことを延々と考えてしまうことがあった時に使ってみてください。また，今出てきたなかで，普段やらないけど使えそうだな，いいな，と思ったものについては，せっかくなのでメモをとっておいてください。みなさんが持っている方法にプラスして，新たにストックしておいてください。
考え込まない方法の紹介 （展開1-2：5分）	▼考え込まないための方法を4つ紹介する。 T1 それでは，今あげていただいたものを踏まえて，それに足す形で私の方から「考え込まないようにする」方法を4つ，お伝えします。【以降，下線部を板書】 T1 まず1つ目は，「考え込んでいることに気づく」です。うつ予防スキルの1つ目でもやりましたが，まずは自分の状態に気づくことが大切です。そして，そのことに気づくことができたら，「考え込んじゃってるよ」と自分自身に言ってみましょう。それだけで，思考が別の方向を向いて，考え込むことから抜け出せます。 　2つ目は，「ストップ！と言う」です。1つ目の「考え込んじゃってるよ」で足りない時は，自分で自分を制してみましょう。「ストップ！」の連呼でも構いません。考え込もうとするところを「ストップ！」で邪魔をして，それ以上没入せずにすむような効果があります。 　3つ目は，「ネガティブタイム・ネガティブスポットを作る」です。自分がリラックスできる時間や場所以外で，「この時間／場所でネガティブなことをとにかく考え込むぞ」とあらかじめ決めておきます。時間の長さは，長くても10〜15分にしましょう。ひたすら，ネガティブなことを考え込んでください。その時間／場所以外で考え込みそうになったら，「あとであそこで考えるから」と考え込むのを繰り越しましょう。時間と場所を指定することで，それ以外の時間と場所では考え込ま	【以降，机間巡視】

	ずに済みますし，意外と10〜15分も考え込むと疲れて思考が止まるものです。ぜひ，試してみてください。 　4つ目は，「何か別のことをする，何かに集中する」です。いわゆる気晴らしになります。さきほどみなさんに教えてもらったものもこれにあてはまるかと思います。注意をネガティブな考えから反らし，別のものに向けることは，当たり前のようでいてとても大事なスキルになります。 ▼自分に適した気晴らし法を知っておき，考え込んでしまった時に実践することがうつ予防に有効であることを伝える。 T1　ということで，4つの方法をご紹介しました。先ほどのに追加して，自分が使えそうな方法をストックしておいてください。自分に適した脱出法を知っておくことで，実際に考え事をしてしまった時それをやめることができます。	
考え込まない方法の実践：リラクゼーション（展開2-1：10分）	▼考え込まないための方法で紹介した「何かに集中する」を実践する。 T1　では，この「考え込まないようにする」スキルを，実際に練習してみましょう。今回は，先ほど紹介した「4）何か別のことをする，何かに集中する」ことで，実際にネガティブな考えから脱出できることを体験してもらいたいと思います。 　まずは，自分がよく繰り返して考えてしまいがちなネガティブな考えをプリントに書いてみてください。全くないという人は，直近の試験やイベントについての考えを書いてみましょう。そして，それについて少しの間，考えをめぐらせてみてください。（※1分程待つ） ▼リラクゼーション：呼吸法について解説後，5分ほど実際に体験させる。 T1　では，1つ目に入ります。1つ目は，「リラックス体験にひたる」です。これから，呼吸を整えるリラクゼーションを実践したいと思います。みなさんには「呼吸法」を実践してもらいます（※呼吸器系に問題がある生徒がいないか確認）。まず，目を閉じて，吐く息が聞こえる程度に口から息を全部，長くゆっくり吐きます。息を吐ききったら口を閉じ，今度は鼻から息をゆっくり吸い込み，心の中でゆっくりと5つ数えてください。数え終わったら，再び5つ数えながら，今度は口から細く長く息を吐きましょう。ここまでが1セットで，そのセットをみなさんのタイミ	【生徒の様子を見ながら，適宜補足】

第4章 「うつ予防心理教育プログラム」の実践②

	ングで5セット，やってみてください。なお，たまにそのまま寝てしまう人がいるので，5セット終わったら，ゆっくりと目を開けてください。【呼吸法実施】 ▼リラクゼーション中，ネガティブな考えは浮かばなかったかについて，評価させる。 T1　はい，お疲れ様でした。自分の心臓の音，息の音，周囲の息の音などが聞こえて，気持ちが穏やかになったのではと思います。さて，ここで，プリントを見てください。今のリラックス体験中，一番最初に考えをめぐらせたネガティブな考えは，頭に浮かんだでしょうか？バーがありますので，そこに印をつけてみてください。印が右にあればあるほど，今の方法が効果的だったことになります。もし，右の方に印をつけられた人は，ぜひこの方法もストックし，実践してみてくださいね。 ⇒いかがですか？リラックス体験中，ネガティブな考えから距離をとり，考え込まずにいられましたか？以下に評価してみましょう。 ずっと考え込んでいた　　　　　　全く考え込まなかった　　　　p.131参照	
考え込まない方法の実践：クイズ（展開2-2：15分）	▼考え込まないための方法で紹介した「何かに集中する」を実践する。 T1　では，2つ目の方法にいきます。その前にまず，再度，自分がよく繰り返して考えてしまいがちなネガティブな考えについて，考えをめぐらせてみてください。（※1分程待つ） ▼クイズ：「4つの数字で10をつくる」を実施させる。 T1　では，2つ目に入ります。2つ目は，「クイズに集中する」です。これから，あるクイズを出しますので，みなさんにはそれを頑張って解いていただきます。問題は，今から書く4つの数字で，10をつくるというものです。ルールは，「＋，－，×，÷」しか使わない，ただし（　　）は使ってよい，です。また，数字の順番はばらばらにして構いません。 　問題は，難易度の違う3つです。これから板書しますので，答えを考えてプリントに書き出してください。それでは，始めます。【問題板書】【クイズ実施】 ▼クイズを実践中，ネガティブな考えは浮かばなかったかについて，評価させる。 T1　はい，お疲れ様でした。みなさんかなり集中して頑張っていたと思います。さて，ここで，もう1度プリントを見てください。	【生徒の様子を見ながら，適宜補足】

109

	今のクイズ実施中，一番最初に考えをめぐらせたネガティブな考えは，頭に浮かんだでしょうか？先ほどと同じように，バーに印をつけてみてください。印が右にあればあるほど，今の方法が効果的だったことになります。もし，右の方に印をつけられた人は，ぜひこの方法もストックし，実践してみてくださいね。 ⇒いかがですか？クイズに集中している間，ネガティブな考えから距離をとり，考え込まずにいられましたか？以下に評価してみましょう。 ずっと考え込んでいた　　　　　　　全く考え込まなかった	p.131参照

| 本時のまとめと，全体の振り返り（まとめ：10分） | ▼本時のまとめ
T1　以上がうつ予防スキルの3つ目「考え込まないようにする」でした。今日は，みなさん自身が普段から実践しているものにプラスして4つの方法をご紹介し，そのうちの1つについて，2つの方法で実践をしてもらいました。今日実際にやった方法やご紹介した方法以外にも，もっといろいろな方法があると思います。今日よかったなと思ったものはストックして実践してほしいですし，これからも自分に適したものがあればどんどん取り入れていってもらえたらと思います。 | |

▼全体の振り返り
T1　ということで，この授業では，うつの予防についてみなさんと勉強し，練習してきました。最後に，まとめをしたいと思います。【プリント配布】

✿最後に，全体の振り返り
1）　うつは，落ち込みが持続・悪化したもの。
2）　うつは予防することができる。
3）　うつのきっかけは，
　①自分の状態に気づかずに頑張ってしまう
　②ネガティブなことがたくさん思い浮かんでしまう
　③ネガティブなことを延々と考えてしまう
4）　これらの各きっかけをつぶす3つの方法
　①自分の気持ちと考えに気づく
　…出来事に対する，自分の気持ち・考え（・行動）に日頃から気を配りましょう。落ち込みがひどくなっている兆候に気づけるかもしれません。
　②考え方のクセを変える
　…自分がやりがちな「考え方のクセ」を把握し，気づけるようにしましょう。
　そして，考え方を変えてみましょう。
　③考え込まないようにする
　…紹介した脱出法など，自分に適している脱出法を実践しましょう。
✿授業中に紹介した3つのスキルを日常的に実践したり，何か嫌なことや辛いことがあったときに実践していただければと思います。

p.132参照

T2　最初の授業では，うつとは何ぞやということをみなさんのイメージも聞きながら紹介しました。そして，うつは落ち込みが持続・悪化したものであり，予防ができるということをお伝えしました。
　そして，落ち込みが持続・悪化してうつに至ってしまうきっかけとして，自分の状態に気づかずに頑張ってしまうこと，ネガティブなことがたくさん思い浮かんでしまうこと，ネガティブなことを延々と考えてしまうことをあげました。そして，これらをつぶすスキルを実践することでうつが予防できることを説明しました。
　その方法が，みなさんと実践した3つになります。1つ目が「自分の気持ちと考えに気づく」スキル。自分自身の気持ちや考えにアンテナをはることで，自分が無理をしていないかなどに目を配り，考えと気持ちの悪循環を予防することで，うつを防ぎます。2つ目が「考え方のクセを変える」スキル。ネガティブな考えのクセにいち早く気づき，それを変えるこ

		とで，やはり考えと気持ちの悪循環の予防をし，それがうつ予防につながります。3つ目は今日やりました，「考え込まないようにする」スキル。自分に適した考え込まない方法，考えからの脱出法を知り，考え事をしてしまった際に実践することで，うつを防ぐものでした。
		▼最後に…
		[T1] ということで，うつ予防の授業は以上になります。授業で練習した3つの予防スキルを日常的に実践したり，頭の隅にとどめておいてここぞという場面で使ったりすることで，ぜひみなさんのこころとからだの健康を守ってくださいね。なお，授業中に紹介した方法を使っても対処できないようなつらい出来事や落ち込む事柄が出てきた場合には，すぐに担任の先生や保健の先生，スクールカウンセラーに相談することも忘れないでください。
	▼筋弛緩法（リラクゼーション）を行う。 ▼気分が悪くなった人がいれば，講師や担任に遠慮なく伝えてほしい旨伝える。 [T1] では，からだをリラックスさせましょう。【リラクゼーション実施】	
		[T2] また，もし考えすぎて嫌な気持ちになってしまったという人がいたら，今でも授業後でもいいので，遠慮なく私や担任の先生などに伝えてくださいね。

②第4回授業解説

　以上が，TT版心理教育プログラムの第4回授業の流れになります。役割分担は，3つ目の予防スキル（対反芻のスキル）の紹介や実践，まとめは筆者が，テーマの導入やもともと生徒らが実践している方法についての共有等は教員が，それぞれ行うこととしました。また，全体の振り返りやまとめについては，筆者と教員の双方から伝達を行うこととしています。

　第4回の対反芻スキルはその場での実践と「考え込まなくなる」ことの体験を主眼にしており，そういう意味で心理の専門家の担当部分が他の授業と比べて多くの時間を占めています。教員には，その間に机間巡視等を十分に行ってもらい，生徒らの反応を見たり，わかりづらい部分の補足を重点的に行ってもらう一方，筆者は生徒らがしっかりと体験できるよう，わかりやすい教示や飽きさせない体験内容の設定等の工夫を行います。また，まとめについては，よりしっかりと生徒らの記憶に残してもらうため，筆者と教員の双方から，総括とポイントについて説明を行います。

おわりに
──学校現場における心理教育実践の意義と可能性──

　今回ご紹介したプログラムは，うつ予防を可能にする効果だけでなく，学校現場における様々な効果や可能性を持っています。

　心理の専門家による単独実践のCO版プログラムにおいても，TT版プログラムにおいても，学校現場における実践を行うためには，そのフィールドとなる学校の協力が不可欠となります。例えば，プログラムを実施する前には，まず学校側にプログラムの説明や意義等の説明を行い，学校で実践を行う許可をもらい，その上でどのような授業枠で実践を行うのか，日程的にカリキュラムのどの部分を使用できそうか，プログラムを実践するにあたってよくない影響を受けそうな生徒はいないか，プログラムについてどのように生徒や保護者に通知するか，前後の授業とのつながりはどうするのか等，管理職や担当教科の先生方と非常に多くの調整を行います。プログラム中には，カウンセラー単独実践の場合は，プログラムを実施するクラス担任と情報交換を行ったり，プログラム後には，生徒の様子等の情報共有やフォローアップ調査に向けての調整，プログラム後にプログラム実施を補強したり，スムーズに通常授業に移行していくための引継ぎ等も行います。TT実践の場合にはそれらに加え，授業進行やポイントとなるやりとりについての確認・提案，授業の振り返りや次回に向けての課題点の共有，場合によってはプログラムの作成段階からの協議，意見交換等も必要になります。このように，心理教育実践に際しては，実践を行う心理の専門家と学校の教員との間での密な連携とやりとりが必須となるのです。

　さて，これまで日本で実施されてきた主なうつ予防プログラムは外部スタッフである心理の専門家による実践が多く，今回の研究でも，心理の専門家単独実践・TT実践の双方で，心理の専門家である筆者は外部の講師として実践を行いました。外部のスタッフが心理教育実践を行うことには，新しい客観的な視点から児童生徒の観察ができることや，顔見知りでない授業者による授業ということで対象者の集中力が高まる可能性があることなどメリットもあるように思いますが，もしその心理の専門家が，外部スタッフではなく学校内のスクールカウンセラー等であった場合には，より一層の意義が見出されると思われます。

　対象校のスクールカウンセラーが本プログラムを実施する場合，先に述べた実践に伴い必須となる教員との密な連携とやりとりは，当然スクールカウンセラーと教員との間で行われることになります。通常，スクールカウンセラーは週に1度程度しか学校に勤務がない場合も多く，その勤務のなかで教室を巡回し，児童生徒を観察し，面接を行い，気にな

った児童生徒を中心に教員と情報共有をし…と，なかなか「課題のある児童生徒」「課題がありそうな児童生徒」以外について教員と協議をする時間的余裕がないことも多いのが実情です。しかし，心理教育の枠を設定し実践をすることで，その準備における連携を通し，教員のニーズや，児童生徒やクラスに対する見立て，対象校の学級運営の在り方などを把握したり，授業の実践を通して潜在的な問題を抱えた児童生徒の発見と共有，対応の協議を行うことも可能になります。TTでの実践ともなればさらにそうしたやりとりがより頻繁に，より時間をかけて行われることになると考えられ，教員との実践内外での協働関係が非常に密になっていくと考えられます。また，いろいろな学年を対象に実践を行うことで，様々な教員との関係構築もすすみ，それがスクールカウンセラーとしての活動を円滑にしていく可能性もあります。また，本プログラムの実践を起点として，プログラム実施後に対象校の児童生徒や教員のメンタルヘルスの問題について取り組んだり，うつ予防以外で児童生徒に必要と考えられる心理教育授業の展開，継続的な情報交換なども行うことができるでしょう。このように，学校現場での心理教育実践を学校内の心理の専門家が実践することで，心理の専門家の活動の幅や深度が非常に拡大していくと考えます。

　また，教員との協働だけでなく，本プログラムを実施する際には，対象者となる児童生徒たちとの関わりもまた不可欠となってきます。プログラム内で各自の意見，考えなどを児童生徒たちに発表してもらい，共有していくなかで，知識伝達だけにはとどまらない双方向のやりとりが行われます。それにより，回を追うごとに児童生徒との距離が縮まり，実際に筆者も，授業前や後のプログラム外の時間に，授業の枠とは関わりのない話や個人的な話はもちろん，今悩んでいることについての相談などを受ける機会も何度となくありました。今回は外部のスタッフである筆者が講師となっていましたが，これが学校内のスクールカウンセラーであった場合，そもそもスクールカウンセラーを知らない児童生徒たちに自分を知ってもらえる機会になるだけでなく，授業を通して児童生徒たちとの距離を縮めることで，児童生徒への理解の深まりや児童生徒たちが抱えている問題の早期発見につながると考えられます。さらに，児童生徒らに自分や相談室について知ってもらうことでスクールカウンセラーや相談室という場の敷居を下げ，何かあった際に児童生徒がスクールカウンセラーを活用できる環境を形成していくことも可能になるでしょう。先にも述べたように，スクールカウンセラーは週に1度の勤務であることが多く，児童生徒とかかわりを持つのは主に授業観察時や授業間の休みに教室や廊下で顔を合わせた時，そして休み時間・放課後等に児童生徒らが相談室に来室した時になります。そうした関わりでももちろんある程度児童生徒やクラスの状況を把握することは可能ですが，教室巡回の場合は授業中であるため環境が限定的ですし，相談室に来室する児童生徒となるとその対象もまた限定的になります。授業間の休みではじっくり話もできないため，いずれの場合でも充実した関わりが難しいことも多々あるのが現状です。心理教育プログラム実践を通じてスクールカウンセラーが児童生徒らと関わることで，スクールカウンセラーが児童生徒に

おわりに

ついて知ること，そして児童生徒がスクールカウンセラーを知ることの双方の機会が増え，彼らに対する対応や予防的な取り組みを促進することが可能になると考えます。

このような，現場の先生方との協働と，それによって発生する専門家やスクールカウンセラーの活動の幅の広がり，児童生徒との関わりの深まり等もまた本プログラムをはじめとする心理教育実践の効果であるといえ，学校現場で本プログラムや心理教育授業を活用することには多くの意義と可能性があると考えられます。今後，本プログラムを含めた心理教育授業をきっかけとして，より一層，児童青年のメンタルヘルス向上がなされることを願います。

プログラム用ワークシート

✽CO 版プログラム及び TT 版プログラム実施時に使用できるワークシートです。

✽そのまま使うこともできますし，アレンジすることもできるかと思います。適宜ご活用ください。

「うつについて知る」ワークシート

❀ うつとは何だろう

「うつ」とは何だろう。皆さんが思う「うつ」についてまとめてみてください（うつになるとこういう状態になるだろうな，自分が「嗚呼うつだ…」と思う時ってこういう気持ちになるな，こういうこと考えるな，などなど，自由に）。

[

]

❀ うつの症状

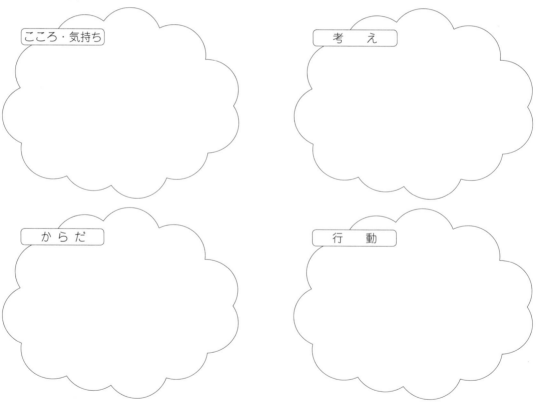

こころ・気持ち　　　　　　　考　え

からだ　　　　　　　　　　　行　動

⇒これらのうち★を含めた5つの条件が＿＿＿＿＿＿＿＿＿＿＿＿＿＿＿ものや，
　症状によって日常生活に問題が起きると，「うつ」と呼ばれる。
⇒うつは，落ち込みが＿＿＿＿＿＿＿＿＿したもの。

プログラム用ワークシート

✿ 落ち込みからうつになるプロセス

⇒うつは，＿＿＿＿＿＿＿＿できるもの！

✿ 落ち込みを持続・悪化させる要素って？

1）＿＿＿＿＿＿＿＿＿＿＿＿＿＿＿＿＿＿＿＿＿＿＿＿＿＿＿＿＿＿＿＿＿＿＿＿＿＿＿

2) ....

3) ....

⇒これらのきっかけ・維持要因をそれぞれつぶすスキルを練習・実践して，
うつを予防しよう！

① ....
② ....
③ ....

プログラム用ワークシート

「自分の気持ちと考えに気づく」ワークシート

✿ うつ予防のスキル①：＿＿＿＿＿＿＿＿＿＿＿＿＿＿＿＿＿＿＿＿＿＿＿＿＿＿を，
　練習してみましょう！

✿ 練習の前の大事なポイント

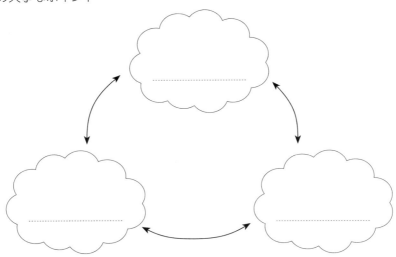

✿ 考えと気持ち，行動を拾う練習をしてみよう。

状況1：今日は好きな人と初めて一緒に遊園地へいく日。天気は快晴！

〈気持ち〉
● 色で表わすなら何色だろう？

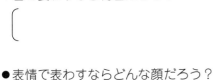

● 表情で表わすならどんな顔だろう？
　（隣の吹き出しに描いてみましょう）

● からだの状態はどうなるだろう？

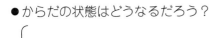

● ことばで表わすならどういうことばになるだろう？

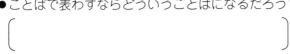

121

〈考え〉

[   ]

〈行動〉

[   ]

状況2 ： 乗りたかった乗り物が，2時間待ちだった。

〈気持ち〉

●色で表わすなら何色だろう？

[   ]

●表情で表わすならどんな顔だろう？
　（隣の吹き出しに描いてみましょう）

○　○　　○

●からだの状態はどうなるだろう？

[   ]

●ことばで表わすならどういうことばになるだろう？

[   ]

〈考え〉

[   ]

〈行動〉

[   ]

プログラム用ワークシート

状況3：“また一緒にこようね”と言ったら“楽しかったけど，人いっぱいでちょっと疲れた”と言われた。

〈気持ち〉
●色で表わすなら何色だろう？

[　　　　　　　　　　　　　　　]

●表情で表わすならどんな顔だろう？
　（隣の吹き出しに描いてみましょう）　　○　○　○

●からだの状態はどうなるだろう？

[　　　　　　　　　　　　　　　]

●ことばで表わすならどういうことばになるだろう？

[　　　　　　　　　　　　　　　]

〈考え〉

[　　　　　　　　　　　　　　　　　　　　　　　　　　　　　]

〈行動〉

[　　　　　　　　　　　　　　　　　　　　　　　　　　　　　]

✿少し，大事な点を補足
●感じることや思うことは，人それぞれ。だから，「うつ」のきっかけも人それぞれ。
●練習したように，考えや気持ちといった「自分の状態について振り返る」ことを日常的に実践してみましょう。それが，うつ予防の1つ目の方法です。

123

「考え方のクセを変える」ワークシート

✿ うつ予防のスキル②:「_____」を,
　練習してみましょう！

✿ "考え方のクセ"を知ろう！

1）_____
　状況：決勝で惜しくも負けてしまい，準優勝。
　レッドの考え：「優勝じゃなきゃ意味がないんだ！これまでのことは無駄だった…」

そう，自分は「白」か「黒」かでしか考えられない…。
両極端な,「間の価値をスルーするんジャー」なのだ。

2）_____
　状況：数学に苦手意識があるブルー。試験で，国語は100点！数学は40点。
　ブルーの考え：「数学40点って…やっぱり自分勉強ダメだわ…」

そう，自分は悪いところばかり見ていいところが見れない…。
視野が狭い,「いい面は無視するんジャー」なのだ。

3）_____
　状況：好きな人に告白してふられたピンク。
　ピンクの考え：「今回ふられた。きっと次もふられる。私に恋人なんかできないんだ」

そう，自分は無限の可能性を信じられない…。
可能性を縮める,「また同じ結果になるんジャー」なのだ。

4）_____
　状況：いつも笑顔で挨拶してくれる友達が，今日は無表情で声をかけられないオーラ。
　グリーンの考え：「自分が何かしたからかな…」

そう，自分は何でもかんでも自分のせいだと思ってしまう…。
自分を巻き込みすぎな,「全部私のせいなんジャー」なのだ。

プログラム用ワークシート

5）_____
（ある日）
状況：すれ違ったのに，先輩が声をかけてくれなかった。
イエローの考え：「嫌われてる…！！」
（またある日）
状況：明日は遊園地でデート。
イエローの考え：「すっぽかされるかも。ふられるかも。うまくいかないんだろうな…」

そう，自分は"なんとなく"ネガティブに考える…。
根拠に乏しい，「思い込んじゃうんジャー」なのだ。

✿ 考え方のクセに気づく練習をしよう。
● 状況1：試験前。
　考え：「絶対うまくいきっこない」

　＝当てはまる考え方のクセ：_____

● 状況2：試験後。10問中，2問解けない問題があった。
　考え：「2問もわからなかった。
　　　　もうこれはダメだわ」

　＝当てはまる考え方のクセ：_____

● 状況3：試験返却後。80点を獲得。
　考え：「100点じゃなきゃ意味ないのにっ！
　　　　ひどい点数とっちゃった…」

　＝当てはまる考え方のクセ：_____

125

✿ "考え方のクセ"を変えるヒントを元に,考え方を変えてみよう。
　考え方のクセは,落ち込みを悪化させてしまいます。
　以下の,各"考え方のクセ"があるヒーローたちの考えを,ヒントを元に変えてみましょう。
　そして,落ち込みの悪化を阻止しましょう。

1) 白黒思考 をしてしまう,両極端な「間の価値をスルーするんジャー」

　状況：決勝で惜しくも負けてしまい,準優勝。
　レッドの考え：「優勝じゃなきゃ意味がないんだ！これまでのことは無駄だった…」

💡 極端じゃない,「間も大事にする」考えに変えればいい。

➡

2) 部分焦点化 をしてしまう,視野が狭い「いい面は無視するんジャー」

　状況：数学に苦手意識があるブルー。試験で,国語は100点！数学は40点。
　ブルーの考え：「数学40点って…やっぱり自分勉強ダメだわ…」

💡 視野の広い,「いい面をちゃんと見つける」考えに変えればいい。

➡

3) 極端な一般化 をしてしまう,可能性を縮める「また同じ結果になるんジャー」

　状況：好きな人に告白してふられたピンク。
　ピンクの考え：「今回ふられた。きっと次もふられる。私に恋人なんかできないんだ」

💡 可能性を広げる,「今度は違うかも」という考えに変えればいい。

➡

126

プログラム用ワークシート

4） 自己関連付け をしてしまう，**自分を巻き込みすぎな「全部私のせいなんジャー」**

状況：いつも笑顔で挨拶してくれる友達が，今日は無表情で声をかけられないオーラ。
グリーンの考え：「自分が何かしたからかな……」

自分を巻き込まず，「自分以外に理由があるかも」という考えに変えればいい。

5） 根拠のない決めつけ をしてしまう，**根拠に乏しい「思い込んじゃうんジャー」**
〈読心術〉

状況：すれ違ったのに，先輩が声をかけてくれなかった。
イエローの考え：「嫌われてる…！！」

根拠がない事に気づき，「別の可能性があるかも」という考えに変えればいい。

〈予言〉

状況：明日は遊園地でデート。
イエローの考え：「すっぽかされるかも。ふられるかも。うまくいかないんだろうな…」

根拠がない事に気づき，「別の可能性があるかも」という考えに変えればいい。

127

✿ 自分の気持ち・考えを拾って，そのクセを変えてみよう
状況：好きな人に告白したあなた。でも返事は，「考えさせて」。

その時のあなたの考え
[　　　　　　　　　　　　　　　　　　　　　　　　　　　　　　　　　]

そう考えた時の気持ち

● 色で表わすなら何色だろう？　[　　　　　　　　　　　　　　]

● 表情で表わすならどんな顔だろう？
　（隣の吹き出しに描いてみましょう）

● からだの状態はどうなるだろう？
[　　　　　　　　　　　　　　　]

● ことばで表わすならどういうことばになるだろう？
[　　　　　　　　　　　　　　　　　]

では，考え方のクセを見つけて，違う考え方をしてみよう！

1) 考え方のクセを見つけ出そう。
[　　　　　　　　　　　　　　　　　　　　　　　　　　　　　　　　　]

2) クセを意識して，違う考え方をしてみよう。
上手に考え方を変えるために：
・先ほどの，考え方のクセを変えるヒントを活用しましょう。
・「同じことを友達が言っていたら，自分だったらどう言うだろう」，「友達だったら自分にどう言ってくれるだろう」と考えると，いい考え方が浮かんだりします。
[　　　　　　　　　　　　　　　　　　　　　　　　　　　　　　　　　
　　　　　　　　　　　　　　　　　　　　　　　　　　　　　　　　　]

3) 2)のように考えたらどういう気持ちになるだろう。その変化を確かめよう！

● 色で表わすなら何色になった？　[　　　　　　　　　　　　　　]

● 表情で表わすならどんな顔になった？
　（隣の吹き出しに描いてみましょう）

プログラム用ワークシート

● からだの状態はどうなった？

⟮　　　　　　　　　　　　　　　　　　　　⟯

● ことばで表わすならどういう気持ちになっただろう？

⟮　　　　　　　　　　　　　　　　　　　　⟯

✿ 大事なポイント

▼ 考え方のクセを変えると，気持ちや気分も変わる。

→うつ予防スキル①でやったように，考えと気持ちはつながっているので，考えを変えると気持ちも変わるのです。

▼ 自分の考えに，クセが含まれていなかったら，それは落ち込みが悪化しないような考え方が普段からできているということ！ぜひぜひ続けて下さい。

→でも何かのタイミングでクセが出てきてしまうこともあります。その時に，今回の練習を思い出して下さいね。

▼ 自分がやりがちな考え方のクセを知っておくだけでも効果的。いちはやく「あ，またやってる」と気づき，変えようと思えるきっかけになるのです。

▼ 考えに向き合うこと自体がつらいことも。その時は，うつ予防スキル③の方が効果的です。無理にスキル②を使う必要はありません。

→自分にあっている，自分ができそうなスキルを選んでやることも，大事。

129

「考えこまないようにする」ワークシート

✿うつ予防のスキル③：「⎽⎽⎽⎽⎽⎽⎽⎽⎽⎽⎽⎽⎽⎽⎽⎽⎽⎽⎽⎽⎽⎽⎽⎽⎽⎽⎽⎽⎽⎽⎽⎽⎽⎽⎽⎽⎽⎽⎽」を，
　練習してみましょう！

✿普段やっている考え込まないようにする方法
　まず，みなさんが普段から実践している，考え事から脱け出せそうな気晴らしをいくつかあ
　げてみましょう。

- ⎽⎽

- ⎽⎽

- ⎽⎽

- ⎽⎽

- ⎽⎽

- ⎽⎽

⇒実際にネガティブなことを延々と考えてしまった時に実践してみましょう。

✿考え込まないようにする方法の紹介

1）⎽⎽⎽

2）⎽⎽⎽

3）⎽⎽⎽

4）⎽⎽⎽

⇒まずは，ネガティブなことばかり考えていることに気づくことが大事。
⇒それを踏まえて，自分に一番適していそうな脱出法を知っておくといつでも活用ができます。

プログラム用ワークシート

✿ 考え込まないようにする練習をしよう
　【よく繰り返し考えてしまうネガティブな考え】

---

①リラックス体験にひたることで，ネガティブな考えから脱出できる！

◆呼吸法◆

⇒いかがですか？リラックス体験中，ネガティブな考えから距離をとり，考え込まずにいられましたか？以下に評価してみましょう。

ずっと考え込んでいた　　　　　　　　　　　　　　全く考え込まなかった

②クイズに集中することで，ネガティブな考えから脱出できる！

◆頭をひねってクイズに集中！◆

4つの数字で，10を作ってみましょう。

ルール：＋，－，×，÷しか使わない。ただし，（　）は使ってOK。

1：2，3，7，8（難易度★☆☆☆）

2：1，5，8，9（難易度★★☆☆）

3：6，7，8，9（難易度★★★☆）

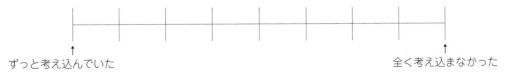

⇒いかがですか？クイズに集中している間，ネガティブな考えから距離をとり，考え込まずにいられましたか？以下に評価してみましょう。

ずっと考え込んでいた　　　　　　　　　　　　　　全く考え込まなかった

✿ 最後に，全体の振り返り
1) うつは，落ち込みが持続・悪化したもの。

2) うつは予防することができる。

3) うつのきっかけは，
 ①自分の状態に気づかずに頑張ってしまう
 ②ネガティブなことがたくさん思い浮かんでしまう
 ③ネガティブなことを延々と考えてしまう

4) これらの各きっかけをつぶす３つの方法
 ①自分の気持ちと考えに気づく
 …出来事に対する，自分の気持ち・考え（・行動）に日頃から気を配りましょう。落ち込みがひどくなっている兆候に気づけるかもしれません。
 ②考え方のクセを変える
 …自分がやりがちな「考え方のクセ」を把握し，気づけるようにしましょう。
  そして，考え方を変えてみましょう。
 ③考え込まないようにする
 …紹介した脱出法など，自分に適している脱出法を実践しましょう。

✿ 授業中に紹介した３つのスキルを日常的に実践したり，何か嫌なことや辛いことがあったときに実践していただければと思います。

資　料

✽研究で作成した試行版プログラム，CO 版プログラム，および TT 版プログラムでは，いずれも実践をするのみではなく，同時に効果の検討も行っています。本文では触れられなかったそれぞれの詳細を記載しておりますので，ご参照ください。

✽第 2 章で紹介した試行版プログラムの効果の検討の詳細が，資料 1 になります（実践の詳細については第 2 章本文で触れています）。

✽第 3 章で紹介した CO 版プログラムの実践及び効果の検討の詳細が，資料 2 になります。

✽第 4 章で紹介した TT 版プログラムの実践及び効果の検討の詳細が，資料 3 になります。

資料1　試行版プログラムの効果の検討

▉　プログラム理解度

　はじめに，実施群の生徒がプログラムを十分に理解したかについて把握するため，各セッションの終了時に実施した理解度評定の平均値を検討しました。各セッションの理解度チェックシートの平均値と標準偏差を示した表D1-1より，プログラムの理解度についてはいずれのセッションにおいても4.6以上の値が得られたことが示されました。

表D1-1　試行版プログラムの理解度評定

セッション	各回の理解度に関する質問項目	平均 (SD)
1	うつがどのようなものかわかった。	5.00 (0.98)
	うつのきっかけがどのようなものかわかった。	5.09 (0.87)
	うつは予防できることがわかった。	5.14 (0.89)
2	気持ち・考え・行動のつながりがわかった。	4.81 (0.87)
	同じ出来事でも，感じ方や考え方は人それぞれだということがわかった。	5.05 (0.80)
	同じ出来事でも，考えを変えれば気持ちも変わることがわかった。	5.10 (0.77)
3，4 (セッション4 終了時に実施)	うつを導く考えは，ネガティブで，現実に即していないものだということがわかった。	4.81 (0.93)
	ネガティブで現実に即していない考えには，いくつかのパターンがあることがわかった。	4.71 (0.90)
	現実に即していない考えをより現実的な考えに変えることでうつが予防できることがわかった。	4.90 (0.89)
	現実的でない考えをより現実的な考えに変えることでうつが予防できることがわかった。	4.95 (1.15)
5，6 (セッション6 終了時に実施)	ネガティブなことを考え続けることから脱出することで気持ちが変わり，うつを予防できることがわかった。	4.95 (1.23)
	呼吸法のやり方がわかった。	4.70 (1.30)
	イメージ法のやり方がわかった。	4.65 (1.35)

（注）　1：全然あてはまらない，2：あまりあてはまらない，3：ややあてはまらない，4：ややあてはまる，
　　　　5：よくあてはまる，6：かなりあてはまる，の6段階評定。

2 抑うつの程度の変容

各群の CES-D 得点を示したものが表 D1-2 です。

表 D1-2 試行版プログラムの各群の CES-D 得点と標準偏差

実施群 (n=20)		統制群 (n=18)	
実施前	実施後	実施前	実施後
23.05	18.95	20.5	21.72
(10.49)	(10.9)	(10.16)	(13.23)

抑うつの程度について，プログラム実施前後でどのような変化があったかについて検討しました。各群の，CES-D 得点の変化を図に示したものが図 D1-1 になります。

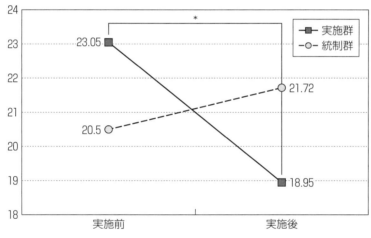

図 D1-1 試行版プログラム実施前後の抑うつの程度の変化
*$p<.05$

分析の結果，実施群における抑うつの程度は，実施後が実施前に比べ有意に低い（$p<.05$）ことが示されました。

3 授業全体についての感想データ

プログラム終了後に得られた感想に対し，KJ 法を援用して分析を行いました。その結果，6 カテゴリーが得られ，一部カテゴリーから複数の下位カテゴリーが抽出されました（表 D1-3）。

表 D1-3 より，"うつに対する認識の変容" から，プログラムを受けたことで対象者はうつについて，その存在をより身近で深刻なものとして認識するようになった傾向がある

表 D1-3 試行版プログラムに対する感想データ

カテゴリー	下位カテゴリー	ローデータの例
うつに対する認識の変容	うつの身近さへの気づき	*思ったよりうつという病気がとても身近で自分も気をつけないといけないなぁと言うことが今回うつを学んだおかげで分かった。 *自分がなってしまうかもしれないし，気をつけたいと思います。
	うつの深刻さへの気づき	*すぐに"あー，うつだ"とかいってたけど，実際はそんな軽々しいものではないんだな…と思いました。 *よくうつって言葉を使うけど，ほんとのうつになったら大変だなと思った。
	うつ予防への効力感の獲得	*うつは身近なものだと思うけど予防のスキルを身につければ心配することはないと思う。 *うつの説明を聞いて，自分でなんとかできるなら，大丈夫だなと思った。
うつ予防への意欲	自身のうつ予防への意欲	*スキルを身につけて抑うつ予防をしたいと思います。 *うつにならないように気をつけて生きていこうと思います。
	周囲の人々のうつ予防に対する関心	*友達が悩んでる時に，今回学んだことを教えてあげようと思う。 *家族とか，うつっぽくなってたら授業でやった考えのやつとかを使って助けたい。
スキル実践への意欲	スキルの授業外での実践	*実際にちょっとネガティブになった時に考えを変えてみました。 *脱出法をやってみました。
	スキル実践の意欲	*学んだスキルは，毎日を楽しくするためのものだと思ったので，活用したい。 *眠れない日に呼吸法などを実践しようと思った。
「考え」の重要性についての理解	「考え」の変容の重要性の理解	*人は考え方1つで気持ちも行動も変わるのだと分かった。 *自分の考えを変えるだけでうつの予防が出来るんだなと思った。
	「考え」からの脱出の重要性の理解	*嫌な考えにハマってしまうのは確かに気持ちが落ち込むなと改めて思った。 *否定的な考えから距離をとることはうつっぽい時に大事になるとわかった。
	「考え」からの脱出法への手ごたえ	*呼吸法をやっているとリラックスできるし，雑念が払われて考えには注目しなくなったので，考え事で寝れない時に使いたい。 *普段からしている気晴らしの方法で，嫌な考えからぬけだせると思う。
うつについて学んだことへのポジティブな感情	－	*ニュースとかでもやっているうつ。良く知らなかったけど，今回の授業で色々分かってよかったです。 *うつにならないとはいいきれないので，この授業で学べてよかったです。 *うつについて，興味があったから学べてよかった。
授業内容への評価	－	*学校の話とかが身近でよかったと思いました。 *講義はどうしても眠くなった。 *グループワークが面白かった。

ことがうかがえました。また一方で，うつ予防に対して効力感を得た傾向があることも示されました。そして "うつ予防への意欲" "スキル実践への意欲" から，実際に予防に対して積極的に取り組もうという姿勢を獲得したことも示され，また自分自身だけでなく周囲の人々のうつ予防に対しても積極的であることが示されました。"「考え」の重要性についての理解" からは，対象者が認知行動療法的アプローチを用いた本プログラムの内容をよく把握し，考えの変容がうつ予防に重要であることや否定的な考えから脱出すること（対反芻）がうつ予防に重要であることをしっかりと理解したことなどが示唆されました。なお，反芻に関わる感想データについては，次の「4 対反芻についての感想データ」にて詳細を記述します。さらに，"うつについて学んだことへのポジティブな感情" "授業内容への評価" からは，グループワークやアニメーションを使ったワークが対象者に好評であり，またうつというテーマにも飽きずに取り組めたことがうかがえました。

　また量的結果と組み合わせ，CES-D 得点がプログラム実施前後で低減した実施群の対象者15人の感想データを検討したところ，そのうち13人が "うつ予防への効力感の獲得" を示していることがわかりました。一方 CES-D 得点が上昇した5人についてはそうした記述は見られませんでした。

4　対反芻についての感想データ

「3 授業全体についての感想データ」より得られた6カテゴリーのうち，"「考え」の重要性についての理解" の下位カテゴリーとして，対反芻に関連するカテゴリーが2つ抽出されました（表D1-3）。"「考え」からの脱出の重要性の理解" より，授業で扱った否定的な考えから脱出する対反芻スキルについて，うつ予防に重要であることが生徒たちに充分に理解されたことがうかがえました。また，"「考え」からの脱出法への手ごたえ" より，授業で扱った普段生徒が実施している気晴らし法や呼吸法等を使用することで，生徒たちは否定的な考えから脱出し，反芻を行わないようにできそうだという実感を得たことが示されたといえます。

137

資料 2　CO 版プログラムの実践と効果の検討

■1　方　　法

①対象者
◆中学生

　関東の都市部公立 B 中学校の生徒のうち，中学 3 年生計165名を対象としました。このうち，ランダムに選択された 3 クラス97名をプログラム実施群とし，2 クラス68名を統制群としました。実施群の分析には，講義に欠席した者を除いた計90名のデータを，また統制群の分析にはすべての査定調査に回答をした60名のデータを使用しました。

◆高校生

　関東の都市部公立 C 高等学校の生徒のうち，高校 2 年生・3 年生計71名を対象としました。このうち，心理学を受講した35名をプログラム実施群とし，他の選択科目を受講した36名を統制群としました。実施群の分析には，講義に欠席した者を除いた計31名のデータを使用しました。また統制群の分析には，3 度の査定調査に回答をした34名のデータを使用しました。

②実施期間
◆中学生対象の実践

　2012年 6 月初旬から 1 週間に 1 セッションのペースで，全 4 セッションを実施しました。プログラムの介入効果の査定は，プログラム実施前の 6 月初旬と実施後の 7 月初旬，フォローアップ 1 回目の 9 月下旬，2 回目の2013年 1 月上旬の計 4 回行っています。なお，フォローアップ 2 回目については，対象校の都合等から実施群のみの実施となりました。

◆高校生対象の実践

　2012年10月初旬から 1 週間に 1 セッションのペースで，全 4 セッションを実施しました。プログラムの介入効果の査定は，プログラム実施前の10月初旬と実施後の11月初旬，フォローアップの2013年 1 月下旬の計 3 回行いました。

③実施手続きと実施者
◆中学生対象の実践

　B 中学校の一教室にて，道徳の授業において心身の健康の増進や自己理解をテーマとした授業の一環として 4 コマを使用し，心理教育プログラムを実施しました。また，統制群

となった2クラス68名については，実施群のプログラム実施及び効果査定期間後の2013年冬に同様のプログラムを実施しました。プログラムは筆者自身が授業講師として実施し，臨床心理学を専攻している修士課程の大学院生2〜3人がティーチングアシスタント（以下 TA）として授業に参加しました。また，対象となったクラスの担任が教室内で見学を行いました。介入効果の査定については，クラス担任が朝礼・終礼などの時間を使用し，プログラム実施前後及びフォローアップ段階に実施を行いました。

❖高校生対象の実践

　C 高等学校の一教室にて，選択授業・心理学の授業（通年）のうちの4コマを使用し，心理教育プログラムを実施しました。プログラムは筆者自身が授業講師として実施し，臨床心理学を専攻している修士課程の大学院生1人が TA として授業に参加しました。また，選択授業担当教員が教室内で見学を行いました。介入効果の査定については，筆者と選択授業担当教員が授業時間や朝礼などの時間を使用し，プログラム実施前後及びフォローアップ段階に実施を行いました。

④介入効果の査定

❖プログラム理解度

　実施群の対象者がプログラム内容を適切に理解したかを調べるため，プログラム終了時に各セッションを構成するテーマに関わる項目についての理解度を，6件法で評定させました。

❖抑うつの程度

　プログラムの介入効果査定のため，効果指標として抑うつの程度を設定しました。プログラム実施前後，及びフォローアップ段階の3〜4度にわたり，実施群・統制群に質問紙調査を行いました。測定には CES-D 日本語版（島ほか，1985）を用い，プログラム実施前後及びフォローアップ段階の得点変化に実施群・統制群で有意な差が見られるかについて比較を行いました。また同時に効果量も求め，評価を行いました。

❖反芻の程度

　抑うつの程度と並行し，反芻の程度を効果指標として設定しました。測定には“ネガティブな反すう尺度”（伊藤・上里，2001）を用い，プログラム実施前後及びフォローアップ段階の得点変化に実施群・統制群で有意な差が見られるかについて比較を行いました。また同時に効果量も求め，評価を行いました。

❖プログラム感想データ

　プログラム終了後，実施群の対象者に授業内容についての感想を自由記述で求めました。感想データは，KJ 法を援用した分析を行いました。

2 結　果

①実施群のプログラムに対する理解度

　はじめに，実施群の生徒がプログラムを十分に理解したかについて把握するため，プログラム終了時に実施した理解度評定の平均値を検討しました。各セッションの理解度チェックシートの平均値と標準偏差を示した表 D2-1 より，プログラムの理解度は，対象となった中学・高校生共にいずれのセッションにおいても5.1以上の値が得られたことが示されました。

表 D2-1　CO 版プログラムの理解度評定

セッション	理解度に関する質問項目	平均 (SD)	
		中学生	高校生
1	うつがどのようなものかわかった。	5.28 (0.73)	5.25 (0.59)
2	自分の状態に気づかずに頑張ってしまうことに対処する方法は，「普段から自分の気持ち・考えに気づく」ことだとわかった。	5.29 (0.76)	5.19 (0.85)
3	ネガティブなことがたくさん思い浮かんでしまうことに対処する方法は，「考え方のクセを変える」ことだとわかった。	5.29 (0.79)	5.52 (0.70)
4	ネガティブなことを延々と考えてしまうことに対処する方法は，「考え込まないようにする」ことだとわかった。	5.47 (0.72)	5.44 (0.70)

（注）　1：全然あてはまらない，2：あまりあてはまらない，3：ややあてはまらない，4：ややあてはまる，5：よくあてはまる，6：かなりあてはまる，の6段階評定。

②抑うつの程度の変容

❖中学生対象の実践

　各群の CES-D 得点を示したものが表 D2-2 です。

表 D2-2　CO 版プログラムの各群の CES-D 得点と標準偏差（中学生）

群	実施前	実施後	3ヶ月後フォローアップ	6ヶ月後フォローアップ
実施群 (n=90)	15.94 (7.80)	13.01 (7.71)	13.13 (8.14)	12.02 (8.08)
統制群 (n=60)	15.72 (6.70)	15.62 (7.80)	16.02 (6.74)	－

　各群の，CES-D 得点の変化を図に示したものが図 D2-1 になります。

　分析の結果，実施群における抑うつの程度は，実施後が実施前に比べ有意に低いことが示されました。効果の大きさは，$\eta^2=.110$ と中程度の値でした。また，実施後からフォローアップ時にかけては，その抑うつの程度が維持されていることが示されました。

資　料

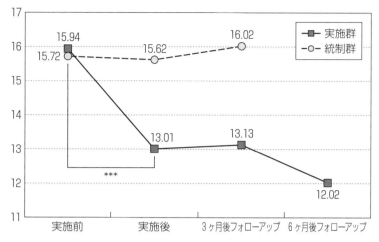

図 D2-1　中学生対象の CO 版プログラム実践における抑うつの程度の変化
***$p<.001$

❖高校生対象の実践

各群の CES-D 得点を示したものが表 D2-3 です。

表 D2-3　CO 版プログラムの各群の CES-D 得点と標準偏差（高校生）

群	実施前	実施後	3ヶ月後フォローアップ
実施群 (n=31)	15.87 (6.68)	12.90 (5.27)	12.56 (8.03)
統制群 (n=34)	14.06 (7.53)	13.38 (8.38)	13.91 (7.05)

各群の CES-D 得点の変化を図に示したものが図 D2-2 です。

分析の結果，実施群における抑うつの程度は，実施後が実施前に比べ有意に低い傾向

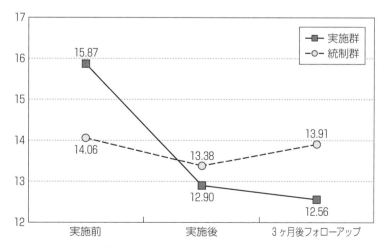

図 D2-2　高校生対象の CO 版プログラム実践における抑うつの程度の変化

141

（p<.10）が示されました。効果の大きさは，$\eta^2=.193$と大きな値でした。また，実施後からフォローアップ時にかけては，その抑うつの程度が維持されていることが示されました。

③反芻の程度の変容

❖中学生対象の実践

各群の反芻尺度得点を示したものが表D2-4です。

表D2-4　CO版プログラムの各群の反芻尺度得点と標準偏差（中学生）

群	実施前	実施後	3ヶ月後フォローアップ	6ヶ月後フォローアップ
実施群 （n=90）	33.08 (10.87)	28.44 (11.41)	29.03 (11.56)	27.91 (11.89)
統制群 （n=60）	33.50 (9.45)	32.50 (9.09)	31.83 (9.33)	— —

各群の反芻尺度得点の変化を図に示したものが図D2-3です。

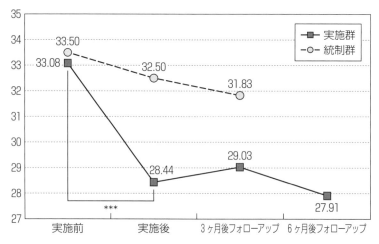

図D2-3　中学生対象のCO版プログラム実践における反芻の程度の変化
***p<.001

分析の結果，実施群における反芻の程度は，実施後が実施前に比べ有意に低い（p<.001）ことが示されました。効果の大きさは，$\eta^2=.218$と大きな値となっていました。また，実施後からフォローアップ時にかけては，その抑うつの程度が維持されていることが示されました。

❖高校生対象の実践

各群の反芻尺度得点を示したものが表D2-5です。

各群の反芻尺度得点の変化を図に示したものが図D2-4です。

分析の結果，実施群における反芻の程度は，実施後が実施前に比べ有意に低い（p<.001）ことが示されました。効果の大きさは，$\eta^2=.237$と大きな値でした。また，実施後からフ

表 D2-5　CO 版プログラムの各群の反芻尺度得点と標準偏差（高校生）

群	実施前	実施後	3ヶ月後フォローアップ
実施群 (*n*=31)	32.13 (7.81)	26.62 (8.58)	26.41 (8.61)
統制群 (*n*=34)	31.09 (9.73)	30.09 (9.28)	29.41 (9.21)

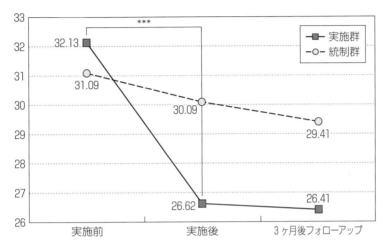

図 D2-4　高校生対象の CO 版プログラム実践における反芻の程度の変化
***$p<.001$

ォローアップ時にかけては，その抑うつの程度が維持されていることが示されました。

④感想データ

プログラム終了後に得られた感想を，KJ 法を援用して分析しました。その結果，中学・高校生対象の実践共に 7 カテゴリーが得られ，一部カテゴリーから複数の下位カテゴリーが抽出されました（表 D2-6，D2-7）。

◆中学生・高校生データの共通カテゴリー

表 D2-6 及び D2-7 より，中学生・高校生データから得られたカテゴリーには，5 つの共有項目が見られました。まず"うつに対する認識の変容"では，対象者はうつについて，その存在をより身近で深刻なものとして認識するようになった一方で，うつ予防に対して効力感を得た傾向があることが示されました。"うつ予防への意欲"では，授業を受けて自身のうつを予防していきたいという意欲と，授業内容を伝えるなどすることで周囲のうつ予防についても意欲が見られたことがうかがえました。"スキル実践への意欲"からは，授業で扱った「認知の再構成」「対反芻」スキルの日常生活における実践や，それらのスキルをリラックス法として応用し実践したいという意欲が示されました。"自分を振り返るきっかけになった"では，授業が普段の自分自身について内省するきっかけにな

表D2-6　CO版プログラムに対する感想データ（中学生）

カテゴリー	下位カテゴリー	ローデータの例	該当率(%)
うつに対する認識の変容	うつの身近さへの気づき	＊うつは自分とは関係ないと思っていたけど，少し考え方が変わるだけで自分もうつになってしまうと知りました。 ＊うつは授業を受ける前までは人ごとだと思っていたけど，実際そうでもなくて，身近にあるものだということがわかりました。	20%
	うつの深刻さへの気づき	＊思ってたよりひどいことになるんだと思った。 ＊自分もうつだと思ってたけど，こんなに重いものだとは思ってなかった。大変だなと思った。	12%
	うつ予防への効力感の獲得	＊ちょっと心配したけど，予防できるなら大丈夫だと思いました。 ＊うつの説明を聞いて，日ごろの心掛け次第で防げるんだと安心した。	10%
うつ予防への意欲	自身のうつ予防への意欲	＊予防できることもわかったので，落ち込んでしまった時も教えてもらったことをやって，うつにならないようにしていきたいと思います。 ＊授業で知ったことはこれからの生活で考え込んだり不安になったりした時に生かして，うつにならないようにしたいと思う。	23%
	周囲の人々のうつ予防への意欲	＊自分はうつにならない気がするけれど，友達などがうつ的になってたり考え事をしていたら，この授業で習ったことを教えてあげたいです。 ＊自分の周りの人にも教えてあげたい。みんなが予防すれば，落ち込むこともなくなる。	10%
スキル実践への意欲	認知の再構成スキル	＊よくネガティブに考えるので，見つけて変えていきたいです。 ＊物事をいろんな方向から見れるようにしていきたいです。	36%
	対反芻スキル	＊自分はよく考え事をしてしまって止まらなくなるので，考え込まないようにする方法を使いたいです。 ＊私はよく考え込んでしまうとこがあるけど，これならできそうだなと思えました！実践してみます！	43%
	リラックス法としての使用	＊気晴らし法をリラックス法として使っていきたい。ちょっとテンションが落ちた時にも，集中しちゃえばけろっとしそう。 ＊眠れない日に呼吸法を実践して，リラックスに使おうと思った。	12%
自分が変わるきっかけになった	―	＊自分の気持ちに気づけるようになった。色で，良い時とよくない時がわかる。 ＊この授業を受けて，自分，今落ち込んでるなぁとか考え込んでるなぁとか，自分でわかることができるようになりました。 ＊この授業をきっかけに，自分はすごくネガティブだけれど，ポジティブな自分になれそうな気がします。	14%
自分を振り返るきっかけになった	―	＊「根拠のない決めつけ」を普段からよくやっているなと気づきました。 ＊普段の自分の気持ちを知った気がします。本当はもやもやしていたんだなとか，気づくことがありました。 ＊改めて，自分は楽観的だなーと。うつにはならないなと思いました。	12%
うつについて知れてよかった	―	＊うつっていう言葉は聞いたことがあったけど具体的には知らなかったので，知ることができてよかったです。 ＊うつのことはよく聞くけど，聞くだけでよくわからなかったのが授業を受けてよくわかったのでよかった。 ＊すごく勉強になった。うつにならないとは言い切れないだろうし，知っておけてよかったと思う。	37%
授業内容への評価	―	＊授業すごく面白かったです！イラストもすごく可愛くて，楽しかった！ ＊とても説明がわかりやすかったです。 ＊普段の授業と違って新鮮でした。とても面白かったです。	18%

資　　料

表 D2-7　CO 版プログラムに対する感想データ（高校生）

カテゴリー	下位カテゴリー	ローデータの例	該当率(%)
うつに対する認識の変容	うつの身近さへの気づき	＊うつは本当に誰でもかかる可能性がある病気なんだなと思った。自分も含めて。 ＊すごく人ごとのように思っていたけど，うつは案外身近に起こるものなんだなと思った。	23%
	うつの深刻さへの気づき	＊すごく大変なものなんだと思った。想像できない。 ＊「うつだ」とか軽く言えないなって思った。うつの人は本当きついだろうなと思った。	11%
	うつ予防への効力感の獲得	＊予防法をたくさん教えてもらったので，うつ対策はばっちりだと思います。 ＊ちょっとした考え方とか，そういうのを気をつければ，うつにはならずにすむんだと思いました。気をつけたいです。	14%
うつ予防への意欲	自身のうつ予防への意欲	＊せっかくいろいろ教えてもらったし，これからうつにならないように，いかしたいと思いました！ ＊具体的な方法を知ることができたので，落ち込んだ時などには思い出して，うつを予防したいと思います。	29%
	周囲の人々のうつ予防への意欲	＊うつに対してあまり深く考えたことはなかったけど，先生にいろいろな対処法を教えてもらえたから，自分だけじゃなくて落ち込みやすい友達にも教えてあげたいです。 ＊友達で，よく凹む人がいるので，その人に教えて，うつにならないようにしてあげようと思った。	14%
スキル実践への意欲	認知の再構成スキル	＊たくさんの考え方のクセを学んでみて，自分に当てはまったものがあったので，考え方を変えて，ポジティブになれるようにしていきたいです。 ＊すぐに悪い方に考えてしまうので，レンジャーを思い出して変えていきたいと思います！	17%
	対反芻スキル	＊すぐに考え込んでしまってそのままひきずることが多いので，習った方法を使ってそらしていきたいです。呼吸法があっている気がしました。 ＊嫌なことを考え込まないように，自分の好きなことをしたり気晴らしをすることは大事なことだと改めて思ったので，実践していきたい。	26%
	リラックス法としての使用	＊呼吸法，寝そうになるくらい気持ちよかった！リラックスしたい時に使おうと思いました。 ＊考え込まない方法というのもそうだけど，同時に気分も落ち着く気がするし，気分がおちた時は音楽を聞いたり好きなことを積極的にしようと思った。	11%
自分を振り返るきっかけになった	－	＊改めて，自分は完璧主義（白黒思考）が強いなと思った。なおしていきたい。 ＊自分が普段どんな気持ちなのかがわかりました。 ＊普段から自分は，ストレスとかに自然に対処していたんだなと気づいた。	20%
うつについて知れてよかった	－	＊うつという言葉はよく聞くけど，本当のうつがどのようなものか知ることができてよかった。 ＊今知っておけてよかったと思う。いつなるかわからないし，早めに知れてよかった。 ＊うつの実際のようなものを知れて，よかった。	14%
周囲の人のうつへの気づき	－	＊この授業を受けて友達にもうつかなと思い当たる人がいた。授業の話をしてみようと思う。 ＊父はうつなんじゃないかなと思いました。理解できないことが色々あったけど，授業を聞いていて少しわかるような気がしたので，話をしてみようかなと思います。	11%
スキルの難しさ	－	＊考え方を修正するのは，その場ではできてもすぐに修正され直される気もする。その都度やるしかないのかなと思った。 ＊没頭できることを見つけるのが難しいです。なかなか見つからないので，探してみたいと思います。	14%

145

ったことが示されました。また，"うつについて知れてよかった"では，本授業でうつについて学んだことについての肯定的な意見が見られました。

◆中学生データのみに見られたカテゴリー

　表D2-6より，中学生データでは"自分が変わるきっかけになった""授業内容への評価"の２つのカテゴリーが得られました。"自分が変わるきっかけになった"では，授業をきっかけに自分自身の内面に変容が見られたことへの実感が得られていることが示されました。また"授業内容への評価"では，授業内容がわかりやすく，用いた教材についても肯定的な評価が得られたことが示されました。

◆高校生データのみに見られたカテゴリー

　表D2-7より，高校生データでは"周囲の人のうつへの気づき""スキルの難しさ"の２つのカテゴリーが得られました。"周囲の人のうつへの気づき"では，授業を受けたことで自分の周囲にいるうつや抑うつ傾向の人に気づいた対象者がいることが示されました。また"スキルの難しさ"では，授業で扱ったスキルについて，実践にあたって難しいと思われる点などがあげられました。

❸　考　　察

① CO版プログラムの効果の検討

◆プログラムの量的効果

　分散分析の結果，まず中学生対象の実践においては，プログラム実施群では実践前後に有意に抑うつの程度と反芻の程度が減少したことが示されました。効果の大きさについても，抑うつの程度の減少では η^2=.110と中程度の値が，また反芻の程度の減少では η^2=.218と大きな値が示されたことからも，明確な抑うつ・反芻改善効果が得られたといえます。また，プログラム実施３ヶ月後及び６ヶ月後のフォローアップ段階において，プログラム実施後の抑うつの程度と反芻の程度が維持されていることから，抑うつ・反芻改善の維持効果もまた見出されたと考えられます。なお，抑うつの程度については，効果指標として使用したCES-D日本語版のカットオフ値には諸説あり，近年では37点という報告もある一方，従来の値である16点を下回る値（15点以下）であれば，うつ病と診断される可能性が低くなるという報告もあります（佐藤・石川ほか，2009）。介入前の平均値は両群とも従来のカットオフ値に非常に近い値となっていますが，統制群がプログラム実施期間中その値前後を推移している一方で，プログラム実施群については介入後からフォローアップにかけて４点近くもその値が下がっており，うつ病と診断されない可能性が高まる基準の数値を下回る結果となっています。このことから，臨床的にも，本プログラム実施前後・フォローアップ時における抑うつの程度の減少の大きさには，十分な効果があったと考えられます。

資　料

　高校生対象の実践においては，プログラム実施群では実践後に反芻の程度の有意な減少と抑うつの程度の有意な減少傾向が示されました。こちらも効果の大きさについて，抑うつの程度の減少ではη^2=.193と大きな値が，また反芻の程度の減少でもη^2=.237と大きな値が示され，このことから，明確な反芻改善効果が得られたと共に，抑うつ改善効果の傾向が示唆されたといえます。また，プログラム実施3ヶ月後のフォローアップ段階において，プログラム実施後の抑うつの程度と反芻の程度が維持されていることから，中学生対象の実践と同様，抑うつ・反芻改善の維持効果が見出されたと考えます。

　以上のように，本プログラムには一定の抑うつ・反芻改善効果と，その維持効果が見出されました。これは，本プログラムが目指したうつ予防効果を示唆するものであるといえます。なお，高校生対象の実践において明確な抑うつ改善効果が得られなかった要因については，まず，対象者の少なさがあげられます。サンプルサイズを増やすことで，高校生を対象とした場合においても明確な改善効果が見出せる可能性があります。また，反芻改善効果が主に対反芻スキル実践などにより直接的に得られる効果と考えられるのに対し，抑うつ改善効果は認知の再構成スキルや対反芻スキル等の実践を通して認知の歪みや反芻などが改善した後に獲得される総合的な効果であろうことも影響していると考えられます。このため，抑うつ改善効果を得るためには，反芻改善効果と比べ，対象者のより十分な内容的理解やスキル実践の意欲，継続的なスキル実践等が必要になると推測できます。今回，高校生対象の実践において，理解度やスキル実践の意欲は十分に得られたことが示されています（表D2-1，D2-7）が，同時に「スキルの難しさ」を感じた対象者がいたことも示されています（表D2-7）。具体的には，スキルの内容は理解しつつもその効果について疑問を持ったり，自分に合った方法が見つからないといったものであり，このことから，スキル実践の意欲を持ちつつも実際の実践には至らなかった対象者が少なからずいた可能性が指摘できます。この点は，例えばプログラム期間中に宿題を設け，日常生活のなかでスキル実践に伴う気分改善等の効果を実際に体験したり，様々な方法を試す機会を増やしたりすることで解消できると考えられるため，今後はそうした改善を取り入れることで，より確かな抑うつ改善効果を見出せればと考えます。

◆感想データから見るプログラムの効果

　また，対象者の感想データを検討した結果，プログラムを受けた中学・高校生は共に，うつをより身近で深刻な存在として認識し，うつ予防に対しての効力感や自分自身や周囲の人たちのうつ予防への意欲，学んだスキル実施への意欲などを獲得するといった変化が見られたことがわかりました。本プログラムではうつの症状やプロセスについての知識を対象者に紹介しており，また3つの予防スキルを生徒たちにとって身近な事例や生徒自身の事例を用いて考えさせたり，体験させることを通して学習させました。このことにより，対象者がうつと向き合い，立ち向かっていこうという気構えを得たと考えられます。これは，対象者とその周囲を含めた一次予防や二次予防を促進させ得る変化といえます。

147

さらに，本授業が自身を振り返るきっかけとなったという生徒や，本授業でうつについて知れてよかったと感じている生徒がいたことも示されました。1点目については本プログラムでは自身の感情や思考を振り返るワークを多く練習する機会があり，そのなかで対象者が自己理解を深めた傾向があると考えられます。2点目については，対象者は本授業を肯定的に受け止めたことが示唆されたといえます。特に，うつの症状やプロセスについての正確な情報伝達に対しての肯定的な意見が多く，本プログラムの「心理教育」介入要素が対象者にとって意味のあるものであったことが示唆されました。いずれも，本授業が対象者にとって意味あるものとして認識されたことを示すといえるでしょう。

中学生対象のデータでは，"自分が変わるきっかけになった""授業内容への評価"という感想が得られました。1点目については，本プログラムで練習した3つのスキルの実践に伴い，自分を振り返り，そこから"よりポジティブに"など内面を変えるきっかけとして活用した対象者がいたことがうかがえます。その変化は今後の継続的な抑うつ予防にもつながる部分もあり，本プログラムがもたらした副次的な効果といえるでしょう。2点目については，総じて肯定的なフィードバックが得られました。本プログラムでは対象者に合わせた授業づくりを徹底していましたが，それが効果的だったことを示唆する感想といえます。なお，高校生の感想では授業内容へのフィードバックは肯定的なものも否定的なものも得られませんでしたが，これは通年の選択授業内の4コマを使用しての実施であったために，生徒が通常授業と変わらないものとしてプログラムを受け取り，あえて授業内容への評価を記載しなかったためと考えられます。

高校生対象のデータでは，"周囲の人のうつへの気づき""スキルの難しさ"という感想が得られました。1点目については，本プログラムによって正しいうつの知識を得たことにより，周囲にいる抑うつ症状を呈している人物に対象者が気づいたと考えられます。これは二次予防にもつながる効果といえるでしょう。2点目については，授業内で扱ったスキルについて「内容は理解できるが実際にやるのは難しい」という点を対象者があげたものです。これは中学生よりも年齢的・経験的・知的な面において優位である高校生ならではのより客観的な感想といえ，先述の通りプログラム実施後の継続的なスキル実践を妨げうる内容です。このため，今後はプログラム内だけでなく日常生活におけるスキル実践を増やすことで，スキルの効果を実感したり自分に合ったスキルを見つける機会を増やす等の工夫を行う必要があるといえます。なお，授業内でもプログラムの限界やスキルとの相性等については実施者から生徒に伝えており，自分で手に負えないと感じた場合には専門家を頼る必要がある旨など伝達はしていますが，今後はこの点もより強調する必要があるかもしれません。

② CO 版プログラムの効果の背景

ユニバーサルタイプのプログラムは抑うつ改善効果が得られにくいとされており（第1

章参照）、また本研究では全4セッションという学校現場に取り入れやすい短い回数での
プログラムを実施しましたが、本プログラムでは以上のような様々な効果を見出すことが
できました。これは、本プログラムの介入要素や実施方法等が要因となっていると考えま
す。

　介入要素の点では、本プログラムでは試行版プログラムと同様、これまでのプログラム
に導入されてきた認知行動療法的アプローチを基盤とした上で、これまでに取り入れられ
てこなかった対反芻の要素を盛り込んでおり、これがより確かな抑うつ改善効果等を導い
たと考えます。感想データでも対反芻スキルについては実施意欲を持つ生徒が多かったこ
とが示されており、またリラックス法として転用しようという意見も多く、対象者にとっ
て日常的に実施しやすい要素であることが見出されました。授業外の時間でも本要素を実
践している生徒が多かった可能性があり、対反芻の要素は抑うつ予防プログラムを実施す
る上で効果的と考えられます。

　実施方法の点では、試行版プログラム実施時に得られた修正点などを元にし、対象者に
合わせたワークシート等の教材作りを徹底したこと、事例では対象者にとって身近な例を
とりあげたこと、また全4回の授業のほぼすべてに実施者と対象者のやりとりが生じるよ
うな参加型の授業を行ったことなどが効果に結びついたと考えます。対象者の授業理解度
が平均で5.1を超える高い値を示すなど授業内容が対象者に明確に伝達されていたことや、
感想データで肯定的なフィードバックが多かったことは、こうした工夫が的確に対象者に
受け入れられたことを示しているといえるでしょう。また感想データでは、授業をきっか
けに「うつ予防への意欲」を示す生徒や「自分を振り返る」生徒がいるなど、授業を受け
たことでうつというテーマを自分自身に関わるものとして受け止めた生徒が多かったこと
も示されています。これは授業期間中はもちろん授業後にも残る継続的な効果にもつなが
る変化であり、抑うつ予防プログラムの効果を高める上で非常に重要な要素といえます。
参加型の授業は受け身的な授業よりも対象者の記憶に残りやすかったことも推察され、う
つ予防プログラムを実施する上では、こうした「自分自身の問題」として「心に留め置き
やすい」授業展開が重要と考えられます。

４　今後の課題

　以上より、本研究で実施した心理教育プログラムには継続的な抑うつ改善・反芻改善効
果が示唆されました。こうした効果が一般人口を対象とするプログラムにおいては得られ
にくいとされていることを考えると、本研究の成果は今後につながる有益なものであると
いえます。

　ですが今後は、より対象者を増やした実践・分析を行うことも必要です。本研究では中
学生165名、高校生71名を対象とし、試行版プログラム実践時よりは対象者を拡大した研

究を行いましたが，いずれも1つの学校の1～2学年を対象としたものであり，地域性や学校の風土などが効果に影響した可能性は否めません。また，高校生の対象者は心理学を選択科目として授業した生徒であり，それも効果に影響を及ぼした可能性があります。よって一般化可能性という観点からも，今後は対象者や対象校の規模を拡大し，幅広い条件下で実施することが望まれます。

　また，プログラムの予防効果に対する長期的かつ継続的なフォローアップも行う必要があります。本研究ではプログラム実施後，高校生では3ヶ月後，中学生では6ヶ月後までのフォローアップ調査を行い，抑うつの程度と反芻の程度について追跡調査を行いました。しかし，「予防」ということを考えるならばより長期的な調査も視野にいれる必要があるでしょう。対象校側の都合により，今回はこれ以上の継続的調査を行うことができませんでしたが，例えば中高一貫校にて中学生の段階で実施を行い，卒業時まで，もしくはその後数年の単位でフォローアップを行うことができれば，「予防」の効果をより正確に把握することが可能です。

　今後は，一般の中学・高校生を対象とした抑うつ予防プログラムとして有効性を示した本プログラムを上記の形でより発展させること，そしてそのなかで多くの児童青年の抑うつ傾向に対する予防的アプローチを確立させていくことが目指されます。

資　料

資料3　TT 版プログラムの実践と効果の検討

■ 方　法

①対象者

　関東の都市部公立 D 中学・高等学校の生徒のうち，中学 3 年生 3 クラス計120名を対象としました。そのうち，ランダムに選択した 1 クラス40名をカウンセラー（CO）実施群，1 クラス40名を TT 実施群，1 クラス40名を統制群としています。CO 実施群・TT 実施群の分析には，講義に欠席した者を除いた計35名及び計33名のデータを，統制群の分析には 2 度の査定調査に回答をした37名のデータを使用しました。

②実施期間

　2013年 1 月中旬から 2 月中旬にかけての 4 週間において，1 週間に 1 セッションのペースで全 4 セッションのプログラムを実施しました。プログラムの介入効果の査定はプログラム実施前の 1 月上旬と実施後の 2 月下旬に行いました。

③実施手続きと実施者

　D 中学校の一教室にて，保健体育の授業のうち 4 コマを使用し，心理教育プログラムを実施しました。プログラムは，CO 実施群では筆者自身が授業講師として，TT 実施群では筆者と D 中学校の保健体育科教員 1 名が協働で授業を実施しています。また，介入効果の査定はプログラム実施前と実施後の計 2 回行い，クラス担任などが授業時間や朝礼・終礼の時間を使用して実施しました。

　なお，筆者は心理教育実践に 5 年以上携わっている臨床心理士であり，D 中学校の対象者とは実践以前からの関わりはありませんでした。TT 実施を担当した保健体育科教員は教員歴25年であり，対象学年の保健体育の授業（週に 1 度）を担当していました。心理学についての知識は，保健体育で扱われる内容を把握している程度でした。

④介入効果の査定
❖プログラム理解度

　実施群の対象者がプログラム内容を適切に理解したかを調べるため，プログラム終了時に各セッションを構成する内容に関わる項目についての理解度を，6 件法で評定するよう求めました。

151

❖抑うつの程度

　プログラムの介入効果の査定のため，抑うつの程度を効果指標の1つとして設定しました。測定にはCES-D日本語版（島ほか，1985）を用い，プログラム実施前後の得点変化にCO実施群・TT実施群・統制群の間に差が見られるかについて比較を行いました。また同時に効果量も求め，評価を行いました。

❖反芻の程度

　プログラムに「対反芻」の要素があるため，抑うつの程度と並行し，反芻の程度もまた効果指標として設定しました。測定には“ネガティブな反すう尺度”（伊藤・上里，2001）を用い，プログラム実施前後の得点変化に3群間で差が見られるかについて比較を行いました。また同時に効果量も求め，評価を行いました。

❖プログラム感想データ

　プログラム終了後，CO実施群及びTT実施群の対象者に授業についての感想を自由記述で求めました。感想データはKJ法を援用して分析を行いました。

❷ 結　　果

①実施群のプログラムに対する理解度

　はじめに，CO実施群・TT実施群の生徒がプログラムを十分に理解したかを把握するため，プログラム終了時に実施した理解度評定の平均値を算出しました（表D3-1）。表より，プログラムの理解度は，対象となった両群共にいずれのセッションにおいても5.0以上の値が得られたことが示されました。

表D3-1　心理教育プログラムの理解度評定

セッション	理解度に関する質問項目	平均 (SD)	
		CO群	TT群
1	うつがどのようなものかわかった。	5.21 (0.69)	5.47 (0.72)
2	自分の状態に気づかずに頑張ってしまうことに対処する方法は，「普段から自分の気持ち・考えに気づく」ことだとわかった。	5.04 (0.64)	5.38 (0.61)
3	ネガティブなことがたくさん思い浮かんでしまうことに対処する方法は，「考え方のクセを変える」ことだとわかった。	5.07 (0.66)	5.13 (1.01)
4	ネガティブなことを延々と考えてしまうことに対処する方法は，「考え込まないようにする」ことだとわかった。	5.25 (0.65)	5.41 (0.76)

　（注）　1：全然あてはまらない，2：あまりあてはまらない，3：ややあてはまらない，4：ややあてはまる，5：よくあてはまる，6：かなりあてはまる，の6段階評定。

②抑うつの程度の変容

各群の CES-D 得点を示したものが表 D3-2 です。

表 D3-2　TT 版プログラムの各群の CES-D 得点と標準偏差

| CO実施群 (n=35) || TT実施群 (n=33) || 統制群 (n=37) ||
実施前	実施後	実施前	実施後	実施前	実施後
15.66	12.97	14.67	10.18	14.51	14.54
(7.71)	(8.68)	(7.15)	(6.49)	(9.38)	(7.09)

各群の CES-D 得点の変化を図に示したものが図 D3-1 です。

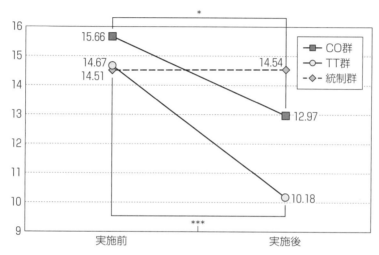

図 D3-1　TT 版プログラム実施前後における各群の抑うつの程度の変化
*p<.05,　***p<.001

　分析の結果，CO 実施群及び TT 実施群における抑うつの程度は，いずれも実施後が実施前に比べ有意に低いことが示されました。効果の大きさは，CO 実施群では η^2=.049 と小程度，TT 実施群では η^2=.119 と中程度の値でした。

③反芻の程度の変容

各群の反芻尺度得点を示したものが表 D3-3 です。

表 D3-3　TT 版プログラムの各群の反芻尺度得点と標準偏差

| CO実施群 (n=35) || TT実施群 (n=33) || 統制群 (n=37) ||
実施前	実施後	実施前	実施後	実施前	実施後
32.03	28.09	31.15	24.64	33.70	32.95
(9.49)	(11.45)	(10.38)	(10.36)	(12.83)	(10.96)

各群の反芻尺度得点の変化を図に示したものが図 D3-2 です。

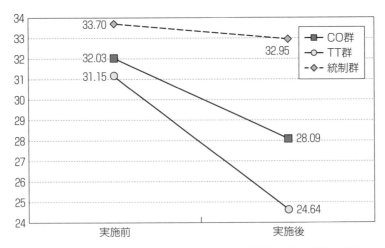

図D3-2　TT版プログラム実施前後における各群の反芻の程度の変化

　分析の結果，CO実施群及びTT実施群における反芻の程度は，いずれも実施後が実施前に比べ有意に低い傾向（$p<.10$）が示されました。効果の大きさは，CO実施群では$\eta^2=.044$と小程度，TT実施群では$\eta^2=.106$と大きな値でした。

④感想データ

　プログラム終了後に得られた感想を，KJ法を援用して分析しました。その結果，CO実施群・TT実施群共に7カテゴリーが得られ，一部カテゴリーから複数の下位カテゴリーが抽出されました（表D3-4）。

❖CO実施群・TT実施群データの共通カテゴリー

　表D3-4より，両群から得られたカテゴリーには，6つの共有項目が見られました。まず"うつに対する認識の変容"では，対象者はうつをより身近なものとして認識するようになった一方で，その予防に対して効力感を獲得した傾向があることが示されました。"スキル実践への意欲"からは，授業内で扱った予防スキルを日常生活で実践したり，リラックス法として応用したいといった傾向や，自分自身だけではなく周囲の友人らが落ち込んだ際にそれを実践したいという意欲が示されました。また，"人に教えたい"では本授業で学んだ内容を友人など周囲の人々にも伝達したいと対象者が感じていること，"自分を振り返るきっかけになった"では授業が自分自身の内面を内省するきっかけになったことが示されました。"うつについて知れてよかった"では，本授業でうつについて学んだことに対する肯定的な意見が見られ，"授業への評価"では内容や教材について具体的，肯定的なフィードバックが示されました。

❖CO実施群データに見られたカテゴリー

　表D3-4より，CO実施群データでは，授業で扱った予防スキルを実践した際その効果を体感したことを示す"予防法の効果を実感した"というカテゴリーが得られました。

資　料

表 D3-4　TT 版心理教育プログラムに対する感想データ

カテゴリー	下位カテゴリー	ローデータの例	該当率(%)【CO 群】	該当率(%)【TT 群】
うつに対する認識の変容	うつの身近さへの気づき	＊うつというものはずっと自分には関係ないことだと思っていました。しかし，うつについて学び，身近にあるのだとわかり，もっとうつについて知る必要があると感じました。 ＊うつは誰もがかかる可能性があって，すごく身近な病気だなぁーと思った。	29%	36%
	うつ予防への効力感の獲得	＊うつはしっかりと対処すればならなくてすむし，怖くないなと思った。 ＊自分次第でうつは予防できるとわかった。予防できるなら，安心です。	20%	27%
スキル実践への意欲	認知の再構成スキル	＊私はすごくネガティブで，悪い方に考えがちなので，クセを変えられるように普段からしていきたいと思いました。 ＊これからネガティブな考え方はあまりせずに，良い方向もとらえていきたい。	17%	15%
	対反芻スキル	＊自分は心配性だし，考え込まないように呼吸法を実践したり，別の事をするようにしていきたい。 ＊考え込んだ時，そのまま落ちることが多かったけど，授業でやった方法をやってあげてみようと思いました。	23%	24%
	リラックス法としての使用	＊へこんだ時に，自分にあった気晴らしをして，気持ちをリラックスさせられるように使おうと思った。 ＊呼吸法は，落ち着きたいときにも使えそう！と思った。家や外でもやってみたい。	37%	33%
	周囲の人々に向けた使用	＊身の回りにそのような人がいた場合は，今回学習したことを活かして考え方をかえるように教えたり，気晴らしをすすめたりしていきたいと思う。 ＊自分にはあてはまらなかったが，他の人がもしうつになったら教えてもらった方法を実践してみたいと思った。	23%	18%
人に教えたい	－	＊落ち込みやすい友達がいるので，今度教えようと思った。 ＊結構クセにあてはまる友達もいるので，授業で教えてもらったことを教えたいと思いました。	26%	18%
自分を振り返るきっかけになった	－	＊こうしてとりあげてみると，自分は考え方のクセが多いなと気づきました。 ＊自分はネガティブだと思っていたけど，そこまでネガティブじゃなかったかもと思いました。 ＊自分は自他共に認める能天気で，今回の授業でもクセがなかったし，きっとうつにはならないなと改めて思った。	17%	15%
うつについて知れてよかった	－	＊うつ病ってことばは知っていたけど，どのようなものかは知らなかったのでこの授業でよく分かってよかったです。 ＊うつについて，ちょっとした単純な知識しかなかったけれど，今回勉強して，しっかりうつについて知ることができてよかった。 ＊授業を受ける前はうつについて詳しくは知らなかったが具体的に分かるようになったのでよかった。将来にも役立つことを身につけることができてよかった。	34%	42%
授業への評価	内容への評価	＊遊園地に行った時の場合などの表情や，気持ちを考える授業はとてもわかりやすかった。 ＊説明がわかりやすかったし，面白かった。	17%	12%
	教材への評価	＊プリントに出てきたキャラクターがすごいよかったし，可愛かった！ ＊プリントがわかりやすかった。	26%	15%
予防法の効果を実感した（CO 群のみ）	－	＊授業でやってみて，クイズなどで気分を紛らわすことはかなり効果があると思った。 ＊気持ちを色で表わすのが難しかったけど，それをすると自分の状態がなんとなくわかるようになった気がする。今結構元気だとか，ネガティブだとか，わかりやすくなった。	20%	－
自分と周囲の考えの違いを実感した（TT 群のみ）	－	＊他の人の考えを見ていて，自分と全然違うものが多くて，そういう風にも考えられるなーと不思議だった。いろんな考え方があるんだなと思った。 ＊すごくポジティブな人がいて面白かった。自分はネガティブに考えることが多いので，そういう考え方もあるんだなと感心してしまった。	－	27%

155

❖TT 実施群データに見られたカテゴリー

　表 D3-4 より，TT 実施群データでは，自身と周囲の思考を比較し，その違いを授業のなかで感じ取っていたことを示す "自分と周囲の考えの違いを実感した" というカテゴリーが得られました。

❸ 考　察

① TT 版プログラムの効果の検討
❖プログラムの量的効果

　まず，プログラム全体の効果について，分散分析の結果，カウンセラー単独実践及び TT 実践において，いずれも実践後に有意に抑うつの程度が減少したこと，そして反芻の程度が有意に減少した傾向が示されました。統制群では有意な変化が見られなかったことから，実施したカウンセラー単独実践（CO 版）プログラムと TT 版プログラムには，抑うつ及び反芻の改善効果が示唆されたといえます。

　なお，CES-D 日本語版で測定した抑うつの程度について，各群の介入前の平均値が従来のカットオフ値（16点）に近い値となっていますが，CO 実施群では介入後にかけて 3 点近く，TT 実施群では 4 点近く，その値が下がっており，うつ病と診断されないであろうという基準の数値を下回る結果となっています。このことから，臨床的にも，本プログラム実施前後における抑うつの程度の減少の大きさには，十分な効果があったと考えます。一方，反芻の程度について明確な改善効果が得られなかった要因としては，プログラム内で扱った対反芻スキルが，反芻への対処法というよりも，「リラックス法」として対象者に浸透していた可能性がある点があげられます。これは，対象者の感想データ（表 D3-4）より，プログラム実施後に対反芻スキルを実践したいという意欲を持った対象者が 23%・24% いた一方，リラックス法として使用したいという意欲を持った対象者が 37%・33% いたことからうかがえます。この割合は，CO 版プログラム実施時の感想データ（表 D2-6，D2-7）で抽出された同様のカテゴリーの該当率（12%・11%）と比べても，かなり多いといえます。また，CO 版プログラムでは，対反芻スキルを実践したいという意欲を持った対象者の割合（43%・26%）が，リラックス法として実施したいという対象者の割合（12%・11%）よりも大幅に多かったですが，本実践ではその割合が逆転しています。本プログラムでは，考え込んでしまった際にそこから抜け出すための方法として対反芻スキルを紹介・実践していますが，その派生効果としてリラックス効果があるもの（呼吸法など）も含まれており，今回はそちらの効果を活用したいと思った対象者が多かった可能性があります。そのため，こちらが意図していたタイミングでの活用方法が浸透せず，「考え込んだ際」に対反芻スキルが使用されなかったことで，対象者の反芻の程度が十分には変容されなかったと考えます。CO 版プログラムでは十分な反芻改善効果が得

資　料

られており，今回の実践でもその際と同様のプログラム内容を実施していますが，対象者の受け取り方や効果の感じ方には個人差・集団差があることは否めず，今後はどのような対象者にも対反芻スキルが対反芻スキルとして明確に伝わるよう，説明方法などに工夫をしていきたいと考えます。

❖CO 実施群と TT 実施群の量的効果の比較

　次に，CO 実施群と TT 実施群を比較してみると，抑うつの程度・反芻の程度のいずれの減少についても，効果量の値が TT 実施群（$\eta^2=.119$；$\eta^2=.106$）の方が，CO 実施群（$\eta^2=.049$；$\eta^2=.044$）よりも大きくなっていることがわかります。このことから，プログラムの抑うつ改善・反芻改善効果は，CO 実施群に比べ TT 実施群の方がより大きかったことが推察されます。これは，一定の効果を保持したプログラムを実践する場合，心理の専門家が単独で実施するよりも，教員と協働して実施をした方がより効果的である可能性を示唆する結果です。CO 実施群と TT 実施群では，うつに関する知識や予防スキルの方法についての説明はいずれもカウンセラーが行っていますが，TT 実施群ではその後の各スキルに関するワークへの導入や，ワーク実施後にグループや全体で発表する際の生徒への指示やフィードバックなどは教員が実施しています。両群の授業展開の差異は，この「与えられた知識をワークで実践した後，それを自身の言葉で表現したり周囲の生徒と比較する場面」でのプログラム実施者の声かけや生徒とのやりとりであるといえ，ここでの議論活性化の度合いや生徒とのやりとりの違いが，プログラム実施前後における両群の生徒の変化につながったと考えられます。そしてこの点においては，専門的な知識を持ってはいるが 1 対 1 に慣れたカウンセラーよりも，専門的な知識はないが 1 対多に慣れ学習をさせることに長けた教員の方がより効果的な介入ができたと考えられ，こうしたことから今回の実践においては TT 実施群の方がより大きな効果が見出されたと推察されます。これまでの研究では心理の専門家の単独実践が多くを占めていましたが，今後心理教育プログラムを実践するにあたっては，本研究で試みたような TT 形式による実践を行うことでより大きな効果が得られる可能性があり，そのような授業展開の導入が期待されるといえます。

❖感想データから見るプログラムの効果

　次に感想データより，まず，対象者は CO 実施群・TT 実施群共に，うつをより身近なものと感じるようになった（‘うつの身近さへの気づき’）一方で，対応可能なものとして認識を改めたこと（‘うつ予防への効力感の獲得’），そして授業で実施したスキルを実際に実践してみようと感じていること（“スキル実践への意欲”）が示されました。また周囲の人に授業の内容を伝えたり（“人に教えたい”），落ち込んでいる人がいた場合にその人に授業で学んだスキルを実践したい（‘周囲の人々に向けた使用’）という感想が見られるなど，自分自身の意識の変化や予防への意欲にとどまらず，周囲の人の予防への意欲もまた促進されたことが示されました。こうしたことから，対象者はカウンセラー単独で行った場合でも TT で行った場合でも，自分や周囲の一次予防や二次予防につながる変化を獲得したとい

157

えます。また，授業を自身を内省する機会として利用したり（"自分を振り返るきっかけになった"），本プログラムの内容に充実感を持ったり（"うつについて知れてよかった"）という対象者がいたことも示されましたが，これは授業への肯定的フィードバック（"授業への評価"）と合わせて，本プログラムが対象者にとって有益なものとしてとらえられていることを示唆すると考えます。実施するプログラム自体の質もまたプログラムの効果に影響すると考えられ，この点において本プログラムの内容は十分にその効果を引き出しうるものであったと考えます。

❖感想データにおける CO 実施群と TT 実施群の比較

　CO 実施群と TT 実施群を比較してみると，CO 実施群では"予防法の効果を実感した"，TT 実施群では"自分と周囲の考えの違いを実感した"といったカテゴリーが，それぞれ独自に見出されていることがわかります。まず，CO 実施群で"予防法の効果を実感した"というカテゴリーが見出されたことから，カウンセラー単独の実践において，対象者は扱った予防スキルの効果を十分に体感していることが示されたといえます。量的な観点からは，カウンセラー単独実践は TT 実践と比べ効果が小さかった可能性が示唆されていますが，対象者がこうした実感を持ったということは，カウンセラーの授業展開や関わり方でも，知識伝達だけではないプログラムの理解が得られることを示していると考えます。一方，TT 実施群では，"自分と周囲の考えの違いを実感した"という感想が得られましたが，これは生徒の回答発表やそのフィードバックを教員が行ったことで，生徒により印象的に周囲との差が理解・浸透されたためと考えます。このことから，専門知識の伝達が済んだ後にその内容の理解を深める作業については，やはり授業の専門家である教員が実施することでより効果的に対象者に伝わることが示唆されたといえ，今後心理教育実践を行っていく際には積極的に取り入れていくべき点と考えます。

　また，CO 実施群と TT 実施群で共通に見出されたカテゴリーの該当率を見てみると，例えば"うつに対する認識の変容"や"うつについて知れてよかった"のカテゴリーについては，TT 実施群の方がやや CO 実施群と比べその該当率が高くなっています。一方，'周囲の人々に向けた使用'，"人に教えたい"，"授業への評価"のカテゴリーについては，CO 実施群の方がやや TT 実施群と比べ該当率が高いです。いずれも統計的な有意差は見出されていませんが，TT 実施群の方が CO 実施群よりも該当率が高かった項目はうつ予防への効力感や授業への満足感に関するものであり，TT 形式の授業が生徒にとって印象深く充実したものとして受け取られたことを示唆しています。CO 実施群との差異は，先述の通り教員がメインの実施者となってのグループワークやフィードバックの時間であるため，そこでのやりとりが生徒に印象に強く残り，理解や満足感を促進したと考えます。また，CO 実施群の方が TT 実施群よりも該当率が高かった項目は，「周囲の予防」に関するものと「授業評価」ですが，前者は「専門家による授業」という普段とは違った環境や実施者，授業内容を対象者が体験したことで，より生徒が「新たに得た専門的な知識を

資　料

周囲の人にも伝えたい」という風に感じたのではないかと推察されます。通常の授業とは違うこと，心理の専門家が実施することにもこのような意義が見出されたことは，心理の専門家がその専門性を授業で発揮することの効果を示唆していると考えられます。また「授業評価」については，こちらも「専門家による授業」という通常授業とは違った授業であったために，対象者がその評価を記載したものと考えられますが，いずれも先述の通り肯定的なフィードバックであったため，カウンセラー単独実践形式においても，本プログラムが対象者にとって有益なものとしてとらえられていたことを示唆すると考えます。

②今後の課題

　以上より，本研究で実施した心理教育プログラムには一定の抑うつ改善・反芻改善効果が示され，その効果はカウンセラーが単独で実践した場合よりも，教員とのTT形式で実践した場合の方がより明確であった可能性が見出されました。ですが今後は，以下の形で発展させていくことが望まれます。

　第1は，より対象者を増やした実践・分析を行うことです。本研究では中学生120名を対象として研究を行いましたが，1つの学校の1学年を対象としたものであり，各群は40名弱となってしまいました。このため，学校の風土や対象者の特性などが効果に影響した可能性は否めません。よって一般化可能性という観点から，今後は対象者や対象校の規模を拡大し，幅広い条件下で実施を行うことが必要といえます。

　第2は，授業者の条件を増やした実践を行うことです。今回の結果には，実践を行ったカウンセラーや教員の特性が強く影響した可能性が考えられます。本実践を行った心理の専門家（筆者）は，5年の実践歴がある学外の臨床心理士でしたが，実践歴のないカウンセラーと非常に長い実践歴をもつカウンセラーであればそのスキルには差が出るでしょうし，学校外のスタッフである心理の専門家と学校内の顔見知りのカウンセラーが実践をする場合とでは，対象者のプログラムの受け止め方に違いが出ることが予想されます。またTTで連携をした教員は，教員歴25年の，授業や指導についてかなり熟練したスキルを持っている方であり，また対象者の生徒とも平常時から比較的関わりのある立場でした。教員歴の浅い新人教員や，普段からほとんど生徒と関わりのない教員，逆に毎日顔を合わせる担任など，その特性が違えばTT実践の質がかなり異なってくることが予想されます。さらに，先に述べたように，TTでは連携する授業者同士の関係性が実践に大きな影響を及ぼすため，協働する心理の専門家と教員の組み合わせが違えば，今回の実践で得られた効果とはまた別の効果が見出される可能性もあります。よって，この授業の実践者についても，一般化可能性という観点から，様々な背景や経歴の心理の専門家・教員の組み合わせで実施を行うなど，幅広い条件下で実践を積み重ねることが望まれます。

　第3は，協働した教員の感想データの収集・分析を行うことです。プログラム効果や実践の意義を多面的に記述するためには，実施者側の視点からその効果や修正案等を見出し

ていくこともまた重要といえます。今回の実践では，授業前後の移動の最中に流れの確認や生徒の反応，次回に向けての注意点等を協働した教員と話すことはありましたが，時間的都合や記録媒体の不具合等もあり，そのデータを残すことができませんでした。また感想データを収集する機会も設けることができなかったため，この点については，次回以降の実践を行う際にはしっかりと確保しておきたいと考えます。

　第4は，教員単独実践との比較を行うことです。本研究では心理の専門家単独実践とTTでの実践の比較にとどまり，専門家の指導を受けた教員による単独実践を行うことができませんでした。しかし，より効果的な実施者や実施形式を検討するためには，教員単独での実践との比較も重要であると考えられるため，今後はその条件を追加しての実践が必要と考えられます。

　第5は，プログラムの効果に対する長期的かつ継続的なフォローアップを行うことです。本研究ではプログラム実施前後の抑うつの程度と反芻の程度の変化を測定し，介入効果を見出しましたが，「予防」ということを考えるならばより長期的な調査を視野にいれる必要があるでしょう。対象校側の都合により今回はこれ以上の継続的調査を行うことができませんでしたが，今後はそうした長期的なフォローアップを研究に盛り込んでいくことで，より確かな「予防」の効果を検討することができると考えます。

引用・参考文献

American Psychiatric Association. (2013). *Desk reference to the diagnostic criteria from DSM-5*. Arlington, VA: American Psychiatric Association. (高橋三郎・大野裕監訳 (2014). DSM-5 精神疾患の分類と診断の手引 医学書院)

Cardemil, E. V., & Barber, J. P. (2001). Building a model for prevention practice: Depression as an example. *Professional Psychology: Research and Practice, 32*, 392-401.

傳田健三 (2002). 子どものうつ病——見逃されてきた重大な疾患—— 金剛出版

傳田健三・賀古勇輝・佐々木幸哉・伊藤耕一・北川信樹・小山司 (2004). 小・中学生の抑うつ状態に関する調査—— Birleson 自己記入式抑うつ評価尺度 (DSRS-C) を用いて—— 児童青年精神医学とその近接領域, **45**, 424-436.

Emslie, G. J., Rush, A. J., Weinberg, W. A., Gullion, C. M., Rintelmann, J., & Hughes, C. W. (1997). Recurrence of major depressive disorder in hospitalized children and adolescents. *Journal of American Academy of Child and Adolescent Psychiatry, 36*, 785-792.

Fombonne, E., Wostear, G., Cooper, V., Harrington, R., & Rutter, M. (2001a). The Maudsley long-term follow-up of child and adolescent depression. 1. Psychiatric outcomes in adulthood. *British Journal of Psychiatry, 179*, 210-217.

Fombonne, E., Wostear, G., Cooper, V., Harrington, R., & Rutter, M. (2001b). The Maudsley long-term follow-up of child and adolescent depression. 2. Suicidality, criminality and social dysfunction in adulthood. *British Journal of Psychiatry, 179*, 218-223.

Hasin, D. S., Goodwin, R. D., Stinson, F. S., & Grant, B. F. (2005). Epidemiology of major depressive disorder: Results from the National Epidemiologic Survey on alcoholism and related conditions. *Archives of General Psychiatry, 62*, 1097-1106.

Horowitz, J. L., & Garber, J. (2006). The prevention of depressive symptoms in children and adolescents: A meta-analytic review. *Journal of Consulting and Clinical Psychology, 74*, 401-415.

茨城県教育研修センター特殊教育課 (編) (2001). 特殊教育諸学校におけるティーム・ティーチングの在り方——個を生かす支援としてのティーム・ティーチング—— 茨城県教育研修センター研究報告書, **41**.

石川信一・戸ヶ崎泰子・佐藤正二・佐藤容子 (2006). 児童青年の抑うつ予防プログラム——現状と課題—— 教育心理学研究, **54**, 572-584.

石川信一・戸ヶ崎泰子・佐藤正二・佐藤容子 (2009). 中学生に対する学校ベースの抑うつ予防プログラムの開発とその予備的効果検討 行動医学研究, **15**, 69-79.

伊藤亜矢子 (2004). 学校コミュニティ・ベースの包括的予防プログラム——スクール・カウンセラーと学校との新たな協働にむけて—— 心理学評論, **47**, 348-361.

伊藤拓・上里一郎 (2001). ネガティブな反すう尺度の作成およびうつ状態との関連性の検討 カウンセリング研究, **34**, 31-42.

Jensen-Scott, R., & DeLucia-Waack, J. L. (1993). Developmental guidance programming in junior and senior high schools: Eating disorders and weight management units. *The School Counselor, 41*, 109-119.

Joireman, J. A., Parrott, L., & Hammersla, J. (2002). Empathy and the self-absorption paradox: Support for the distinction between self-rumination and self-reflection. *Self and Identity, 1*, 53-65.

Kazdin, A. E., & Weisz, J. R. (1998). Identifying and developing empirically supported child and adolescent treatments. *Journal of Consulting and Clinical Psychology, 66*, 19-36.

厚生労働省大臣官房統計情報部 (2000). 平成11年患者調査

厚生労働省大臣官房統計情報部 (2002). 平成12年保健福祉動向調査 (心身の健康) 厚生統計協会

厚生労働省大臣官房統計情報部 (2003). 平成14年患者調査

厚生労働省大臣官房統計情報部 (2006). 平成17年患者調査

厚生労働省大臣官房統計情報部 (2009). 平成20年患者調査

厚生労働省大臣官房統計情報部 (2012). 平成23年患者調査

厚生労働省大臣官房統計情報部 (2015). 平成26年患者調査

厚生労働省自殺対策推進室 警察庁生活安全局生活安全企画課 (2017). 平成28年中における自殺の状況 資料

厚生労働省自殺対策推進室 警察庁生活安全局生活安全企画課 (2017). 平成28年中における自殺の状況 付録

國分康孝 (監修) (2008). カウンセリング心理学事典 誠信書房, p. 267.

倉掛正弘・山崎勝之 (2006). 小学校クラス集団を対象とするうつ病予防教育プログラムにおける教育効果の検討 教育心理学研究, **54**, 384-394.

Leavell, H. R., & Clark, E. G. (1953). *Textbook of preventive medicine.* NY: MacMillian.

Lowry-Webster, H. M., Barrett, P. M., & Dadds, M. R. (2001). A universal prevention trial of anxiety and depressive symptomatology in childhood: Preliminary data from an Australian study. *Behaviour Change,* **18**, 36-50.

文部科学省 (編) (2008). 小学校学習指導要領 東京書籍

文部科学省 (編) (2008). 小学校学習指導要領解説 総則編 東洋館出版社

文部科学省 (編) (2008). 中学校学習指導要領 東山書房

文部科学省 (編) (2008). 中学校学習指導要領解説 総則編 ぎょうせい

文部科学省 (編) (2009). 高等学校学習指導要領 東山書房

文部科学省 (編) (2009). 高等学校学習指導要領解説 総則編 東山書房

文部科学省 (編) (2009). 特別支援教育に関する学習指導要領等 海文堂出版

文部科学省 (編) (2009). 特別支援学校学習指導要領解説 総則等編〈幼稚部・小学部・中学部〉 教育出版

文部科学省 (編) (2009). 特別支援学校学習指導要領解説 総則等編 海文堂出版

文部科学省初等中等教育局児童生徒課 (2016). 平成27年度「児童生徒の問題行動等生徒指導上の諸問題に関する調査」について

中尾陽子 (2011). ティーム・ティーチング——ラボラトリー体験学習における意味を探る—— 人間関係研究, **10**, 111-136.

小野寺正己・河村茂雄 (2003). 学校における対人関係能力育成プログラム研究の動向——学級単位の取り組みを中心に—— カウンセリング研究, **36**, 272-281.

鴛渕るわ・堤亜美・藤岡勲・津田容子 (2011). 予防的心理教育授業の実施可能性の検討 東京大学大学院教育学研究科附属学校教育高度化センター「学校における新たなカリキュラムの形成——次の学習指導要領改訂を展望して」プロジェクト平成22年度報告書, 105-134.

佐藤寛・今城知子・戸ヶ崎泰子・石川信一・佐藤容子・佐藤正二 (2009). 児童の抑うつ症状に対する学級規模の認知行動療法プログラムの有効性 教育心理学研究, **57**, 111-123.

佐藤寛・石川信一・下津咲絵・佐藤容子 (2009). 子どもの抑うつを測定する自己評価尺度の比較——CDI, DSRS, CES-Dのカットオフ値に基づく判別精度—— 児童青年精神医学とその近接領域, **50**, 307-317.

佐藤寛・嶋田洋徳 (2006). 児童のネガティブな自動思考とポジティブな自動思考が抑うつ症状と不安症状に及ぼす影響 行動療法研究, **32**, 1-13.

佐藤寛・下津咲絵・石川信一 (2008). 一般中学生におけるうつ病の有病率——半構造化面接を用いた実態調査—— 精神医学, **50**, 439-448.

Shaplin, J. T., & Olds, H. F., Jr. (Eds.). (1964). *Team teaching.* NY: Harper & Row. (平野一郎・椎名萬吉訳編 (1966). ティーム・ティーチングの研究 黎明書房)

島悟・鹿野達男・北村俊則・浅井昌弘 (1985). 新しい抑うつ性自己評価尺度について 精神医学, **27**, 717-723.

下山晴彦 (監修)・松丸未来・鴛渕るわ・堤亜美 (2013). 子どものこころが育つ心理教育授業のつくり方——スクールカウンセラーと教師が協働する実践マニュアル—— 岩崎学術出版社

Shochet, I. M., Dadds, M. R., Holland, D., Whitefield, K., Harnett, P. H., & Osgarby, S. M. (2001). The efficacy of a universal school-based program to prevent adolescent depression. *Journal of Clinical Child Psychology*, **30**, 303-315.

Stice, E., Shaw, H., Bohon, C., Marti, C. N., & Rohde, P. (2009). A meta-analytic review of depression prevention programs for children and adolescents: Factors that predict magnitude of intervention effects. *Journal of Consulting and Clinical Psychology*, **77**, 486-503.

Strein, W., Haogwood, K., & Cohn, A. (2003). School psychology: A public health perspective I. Prevention, populations, and, systems change. *Journal of School Psychology*, **41**, 23-38.

立森久照・長沼洋一・小山智典・小山明日香・川上憲人（2007）．平成18年度厚生労働科学研究費補助金（こころの健康科学研究事業）こころの健康についての疫学調査に関する研究分担研究報告書　こころの健康に関する地域疫学調査の成果の活用に関する研究――こころの健康に関する疫学調査の主要成果――

Takano, K., & Tanno, Y. (2009). Self-rumination, self-reflection, and depression: Self-rumination counteracts the adaptive effect of self-reflection. *Behaviour Research and Therapy*, **47**, 260-264.

Teasdale, J. D., & Green, H. A. C. (2004). Ruminative self-focus and autobiographical memory. *Personality and Individual Differences*, **36**, 1933-1943.

謝　辞

　本書は，東京大学大学院教育学研究科臨床心理学コースに提出した博士論文に加筆・修正を行ったものです。研究を実施するにあたっては，たくさんの方々にご指導とご協力をいただきました。

　指導教官である下山晴彦先生には，フィールドの構築から研究の構成，論文の完成と書籍化に至るまで，数々のお力添えとご助言，ご指導をいただきました。実践中に予期せぬトラブルが起きた際や研究半ばで筆が止まった際には，適切な対処法のご指導はもちろん，あたたかい激励のお言葉を何度となくくださり，研究完遂に向けての力をどれだけいただいたかわかりません。先生のご指導と励ましがなければ，論文の完成と本書の発行には至らなかったことと思います。本当にありがとうございました。

　論文指導をしてくださいました南風原朝和先生，藤江康彦先生には，専門的な観点から論文や研究について様々な改善点やアドバイスをいただきました。また，臨床心理学コースの先生方には，論文の検討会を通し，数多くのご助言をいただきました。ありがとうございました。

　研究にご協力いただきました中学校，高等学校の先生方と生徒のみなさんには，特別授業と特別講師をあたたかく迎えていただき，心より感謝申し上げます。なかでも，山邉義彦先生，木下正則先生，牧野眞裕先生，淺川俊彦先生，福島昌子先生，石橋太加志先生には，授業の構成から実施の際の注意点・コツに至るまでたくさんのご助言をいただき，また様々な場面で激励していただきました。本研究は，先生方と生徒のみなさんのご協力なくしては成立し得ませんでした。本当に，ありがとうございました。

　また，実践に際しては，松丸未来さん，鴛渕るわさん，そして下山研究室学校グループの後輩のみなさんに幾度となく同行してもらい，授業の補助をしていただくと共にたくさんの応援の言葉をいただきました。本当にありがとうございました。

　最後に，本書を書き上げるにあたり，編集の労をとってくださいました吉岡昌俊さん，応援し励ましてくれた母と絋希さんに，心から感謝申し上げます。本当に，ありがとうございました。

　2017年7月

堤　亜美

《監修者紹介》

下山晴彦（しもやま・はるひこ）

1957年生まれ
1983年　東京大学大学院教育学研究科博士課程中退
　　　　東京大学学生相談所助手，東京工業大学保健管理センター専任講師などを経て，
現　在　東京大学大学院臨床心理学コース教授
　　　　博士（教育学），臨床心理士
著　書
『公認心理師必携 精神医療・臨床心理の知識と技法』（中嶋義文と共編）医学書院，2016年
『子どものうつがわかる本』（監修）主婦の友社，2015年
『臨床心理学をまなぶ2　実践の基本』東京大学出版会，2014年
『臨床心理学をまなぶ1　これからの臨床心理学』東京大学出版会，2010年
『よくわかる臨床心理学　改訂新版』（編集）ミネルヴァ書房，2009年
『臨床心理アセスメント入門』金剛出版，2008年

《著者紹介》

堤　亜美（つつみ・あみ）

2016年　東京大学大学院教育学研究科臨床心理学コース博士課程修了
現　在　東京大学大学院教育学研究科教育学研究員
　　　　東京都公立小学校スクールカウンセラー
　　　　私立中学・高等学校スクールカウンセラー
　　　　都立高等学校講師（心理学）
　　　　博士（教育学），臨床心理士
著　書
『子どものこころが育つ心理教育授業のつくり方──スクールカウンセラーと教師が協働する実践マニュアル──』（共著）岩崎学術出版社，2013年

学校ですぐに実践できる
中高生のための〈うつ予防〉心理教育授業

2017年10月30日　初版第1刷発行　　　　〈検印省略〉

定価はカバーに
表示しています

監 修 者　下　山　晴　彦
著　　者　堤　　　亜　美
発 行 者　杉　田　啓　三
印 刷 者　中　村　勝　弘

発行所　株式会社　ミネルヴァ書房
607-8494 京都市山科区日ノ岡堤谷町1
電 話 代 表　075-581-5191
振 替 口 座　01020-0-8076

© 堤亜美, 2017　　　　中村印刷・清水製本

ISBN978-4-623-08110-3

Printed in Japan

シリーズ・臨床心理学研究の最前線
中高年の失業体験と心理的援助
——失業者を社会につなぐために
高橋美保 著　Ａ５判　344頁　本体7000円

強迫症状にいたる心理的メカニズム
——多母集団同時分析による日中青年の比較を通して
李　暁茹 著　Ａ５判　224頁　本体6000円

統合失調症への臨床心理学的支援
——認知機能障害の改善と家族支援の取り組み
中坪太久郎 著　Ａ５判　252頁　本体6000円

やわらかアカデミズム・〈わかる〉シリーズ
よくわかる臨床心理学［改訂新版］
下山晴彦 編　Ｂ５判　312頁　本体3000円

子どもの人間関係能力を育てる SEL−8S
社会性と情動の学習（SEL−8S）の導入と実践
小泉令三 著　Ｂ５判　192頁　本体2400円

社会性と情動の学習（SEL−8S）の進め方 小学校編
小泉令三・山田洋平 著　Ｂ５判　360頁　本体2400円

社会性と情動の学習（SEL−8S）の進め方 中学校編
小泉令三・山田洋平 著　Ｂ５判　248頁　本体2400円

教師のための社会性と情動の学習（SEL−8S）
——人との豊かなかかわりを築く14のテーマ
小泉令三・山田洋平・大坪靖直 著　Ｂ５判　216頁　本体2600円

このまま使える！　子どもの対人関係を育てる SST マニュアル
——不登校・ひきこもりへの実践にもとづくトレーニング
大阪府立子どもライフサポートセンター・服部隆志・大対香奈子 編
Ｂ５判　220頁　本体2400円

災害に備える心理教育——今日からはじめる心の減災
窪田由紀・松本真理子・森田美弥子・名古屋大学こころの減災研究会 編著
Ａ５判　256頁　本体3000円

——— ミネルヴァ書房 ———
http://www.minervashobo.co.jp/